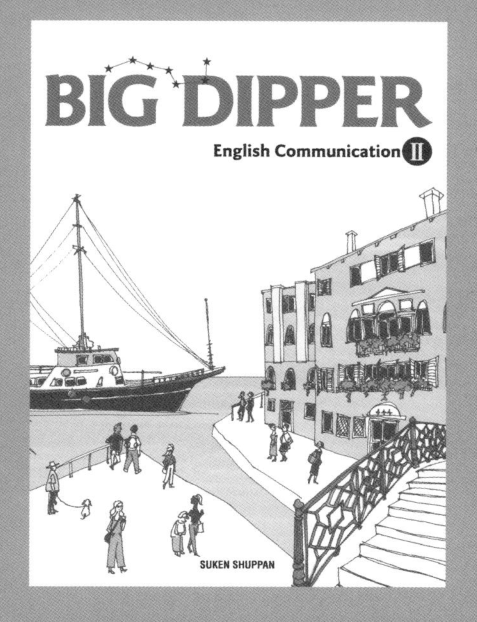

数研 CⅡ716

教科書ガイド

数研出版版

BIG DIPPER English Communication Ⅱ

TEXT BOOK GUIDE

学習ブックス

本書の特色

●様々な角度から教科書内容をマスターできます。

教科書内容のサマリー(要約)，文法理解・重要表現習得・構文把握など，英語学習に必要な様々な要素をもれなく網羅した掲載内容で，バランスのよい英語学習と，効率的な教科書内容のマスターが可能になるように構成されています。

●予習と復習のどちらにも活用できます。

どのコーナーも，授業前の予習・授業後の復習，またはそのどちらにも活用することができます。学習要素を細かく分けているので，みなさんのその時点のニーズにあわせた学習要素の選択が可能で，必要なコーナーだけみなさんが望むタイミングで利用することができます。

●定期テスト対策として最適で，目標達成まで最短の自習書です。

各レッスンの最後には「定期テスト対策問題」を掲載しています。各レッスンで学習する重要な文法・構文の演習問題を掲載しています。この問題に取り組むことによって，定期テスト前の総仕上げをすることができ，みなさんの大きな自信につながります。

また，サマリー(要約)と重要文法の概略が載った各レッスンの冒頭2ページを見直したり，レッスンごとに単語を確認できる巻末ページの「単語のまとめ」を活用したりすることも，定期テスト対策として効果的です。

CONTENTS

Lesson 1 Why Don't You Come to School in Pajamas? 6

Lesson 2 Is Seeing Believing? 24

Lesson 3 Do You Get Enough Sleep? 42

Lesson 4 Do You Want to Speak English like a Native Speaker? .. 60

Lesson 5 Universal Design: Convenient for All 78

Lesson 6 Wakamiya Masako: The World's Oldest Game App Developer ... 98

Lesson 7 Learning from Nature 118

Lesson 8 The Wisdom of Preserving Food 138

Lesson 9 The Sharing Economy: Something for Everyone? 158

Lesson 10 Sand and Concrete: A Basis of Our Life 178

単語のまとめ 198

● 本書の構成

【LESSON 全体の Preview】

【Part 別 Summary】
問題を解きながら，内容の概略がつかめます。予習に最適です。

【Grammar】
そのレッスンの重要文法の概略を網羅しています。予習のほか，テスト前に文法をすばやく見直すことができます。

LESSON 1 Wh… in …

Preview

Introduction

アメリカの学校のさまざまな行事がテーマ。アメリカでは「パジャマデー」や「クレイジーヘアデー」,「インサイドアウトデー」,「ツインデー」,「キャラクターデー」といったユニークな行事がある。その理由には，子どもたちにリラックスする機会を与えるためや資金を集めるため，一体感を得るためなどが挙げられる。ハナがインターネットで見つけたパジャマデーの告知ポスターを読み取り，パジャマデーについての理解を深めよう。

● Part 別に Summary を完成させよう

Part 1 アメリカの学校にはどのような行事がありますか。
アメリカの学校には「パジャマデー」があり，その日は子どもと先生が（　(1)　）なパジャマを着て学校に来て，いつもの授業をパジャマを着たままで受けることができる。その他のユニークな行事がある学校もある。みんなが（　(2)　）髪型で学校に来ることができる「クレイジーヘアデー」や，服を（　(3)　）に着ることができる「インサイドアウトデー」，2人の友だちが同じ服を着ることができる「（　(4)　）デー」，小説や映画の（　(5)　）に扮装することができる「キャラクターデー」などがある。

Part 2 アメリカの学校で行事が多い理由は何ですか。
アメリカの学校で行事が多いのにはいくつかの理由がある。第一に，生徒たちに（　(6)　）する機会を与えるためである。第二に，（　(7)　）を集めるためである。その寄付金は，学校の（　(8)　）を修復するためや，さまざまな慈善プログラムを支援するために使用される。第三に，学校で一緒に何かをすることで，生徒たちが一体感を得るためである。

Part 3 ハナが見つけたパジャマデーのポスターの概要はどのようなものですか。
ビッグディッパースクール・パジャマデーが，4月15日(火)に開催される。推奨される寄付金は1ドルで，それらはすべて慈善団体に寄付される予定である。お気に入りのパジャマやワンジー，綿毛で覆われた（　(9)　）を身に着けることができるが，学校の服装（　(10)　）を満たしている必要がある。また，持ち物は友だちと一緒に食べるお菓子で，テディベアは持ち込みが禁じられている。

6

Why Don't You Come to School in Pajamas?

Grammar

A 基本的な受動態の形 ―〈be …
Second, some events are p…
第二に，資金を集めるた…
This special day is enjoye…
この特別な日はみんなに…

B 助動詞を受動態の文で使う…
All money will be donate…
全額が地元の慈善団体に…

C to- 不定詞を使って表現す…
If kids decide to come to s… a small amount of money.〈Part 2, *l*.6〉
もし子どもたちが彼らのお気に入りのパジャマで学校に来ることにするなら，彼らは少額のお金を寄付しなければなりません。　＊「～すること」
As students are usually under *pressure* to study hard, these events give them *a chance* to relax.〈Part 2, *l*.3〉
生徒たちは普段，一生懸命勉強せよという精神的重圧を受けているので，これらの行事は彼らにリラックスする機会を与えます。　＊名詞の内容を説明
Second, some events *are planned* to raise funds.〈Part 2, *l*.6〉
第二に，資金を集めるために企画される行事もあります。　＊動詞を説明「～するために」

● Summary 完成問題の答え ⟹ (1) カラフル (2) おかしな (3) 裏返し (4) ツイン (5) 登場人物 (6) リラックス (7) 資金 (8) 設備 (9) 室内履き (10) 規定

7

【Part 別解説ページ】

【本文を読もう】
構文を意識しながら教科書本文を読むことができます。

【本文の解説】
文単位で，扱われている文法や表現がくわしく解説されています。

LESSON 1

Mr. Brow…

本文を読もう　意味…

① Schools in the US / have "pajama day." // ② On this day, / kids and teachers can come to school / in colorful pajamas. // ③ They have their usual classes in pajamas, / and this special day is enjoyed by everyone.//

④ Some schools have other unique events. // ⑤ For one event, / everyone can come to school / with a funny hairstyle. // ⑥ This day is called "crazy hair day." //

⑦ Further, / on "inside-out day," / people can wear their clothes inside out. //

⑧ On "twin day," / two friends can wear the same clothes. // ⑨ On "character day," / everyone can dress up as a character / from a novel or movie. //

（NW 子ども／NW パジャマの／～を着て／NW カラフルな／NW いつもの／HU A は(B によって)～される／楽しまれる／NW 髪型／HU A は(B によって)～される／NW おかしい／呼ばれる／NW まともでない，ばかげた／さらに／裏返しの／KP 裏返しに／NW 双子の，対をなす／NW 登場人物／KP 扮装[変装]する）

読解のポイント
▶ アメリカの学校の「パジャマデー」はどのような行事か。
▶「パジャマデー」の他にはどのようなユニークな行事があるか。

8

Why Don't You Come to School in Pajamas?

① Schools in the US have "pajama day."
主語は Schools in the US で，in the US が Schools にかかっている。
② On this day, kids and teachers can come to school in colorful pajamas.
in は「～を着て」という意味の前置詞。ここでは in を wearing にかえた場合も同じ意味になる。
確認問題 ②の英文の訳を完成させなさい。
この日は，（　　　　　　　　　　　　　　）。
③ They have their usual classes in pajamas, and this special day is enjoyed by everyone.
They は②の kids and teachers を指す。is enjoyed は現在形の受動態。〈be 動詞＋過去分詞〉で「A は(B によって)～される」という意味を表す。HU
確認問題 日本文に合う英文になるように，（ ）内の語句を並べかえなさい。
(1) このコンピュータは多くの人々によって使われます。
This (is / many people / used / computer / by).
(2) そのスタジアムは 20 年前に建てられました。
(built / years / the stadium / twenty / was) ago.
⑥ This day is called "crazy hair day."
〈SVOC〉の受動態。目的語(O)が主語になり，〈be 動詞＋過去分詞〉の後に補語(C)が置かれた形。動作を行う側が明らかな場合や一般の人の場合は，by「～によって」は省略されることが多い。HU
確認問題 日本文に合う英文になるように，____に適する語を書きなさい。
彼の犬は彼によってマックスと名づけられました。
His dog ________ ________ Max by him.
⑦ Further, on "inside-out day," people can wear their clothes inside out.
・further「さらに」情報を追加する際に使われる副詞。
・inside out「裏返しに，ひっくり返して」inside と out をハイフンでつないで，形容詞として使われることもある。

確認問題の答え　② 子どもと先生がカラフルなパジャマを着て学校に来ることができます　③(1) computer is used by many people　(2) The stadium was built twenty years　⑥ was named

9

【文法のまとめ】【Key Phrase のまとめ】

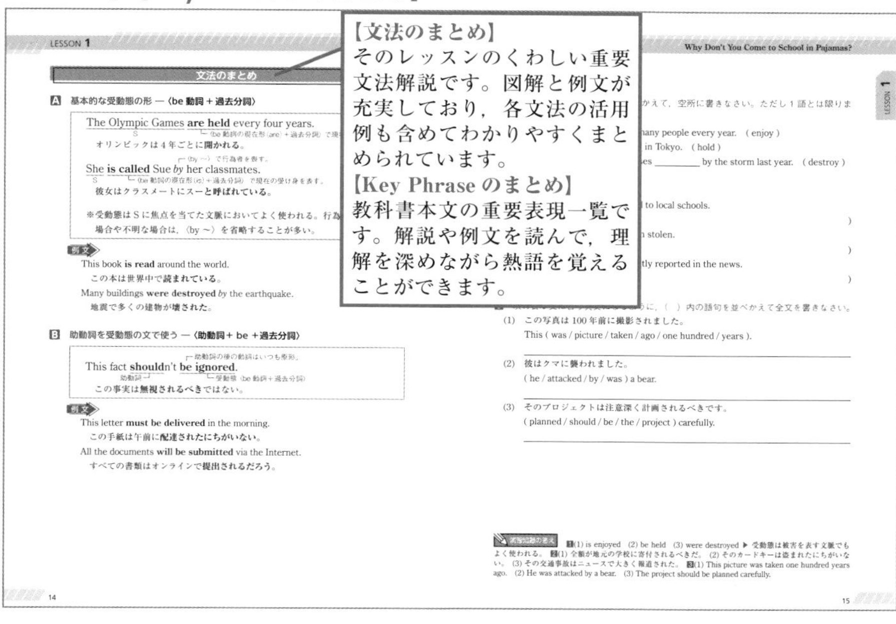

LESSON 1

文法のまとめ

A 基本的な受動態の形 ―〈be 動詞 + 過去分詞〉

The Olympic Games **are held** every four years.
オリンピックは４年ごとに**開かれる**。

She **is called** Sue *by* her classmates.
彼女はクラスメートにスーと**呼ばれている**。

※受動態はＳに焦点を当てた文脈においてよく使われる。行為者が…場合や不明な場合は，〈by ～〉を省略することが多い。

例文
This book **is read** around the world.
この本は世界中で**読まれている**。
Many buildings **were destroyed** *by* the earthquake.
地震で多くの建物が**壊された**。

B 助動詞を受動態の文で使う ―〈助動詞 + be + 過去分詞〉

This fact **shouldn't be ignored**.
この事実は**無視されるべきではない**。

例文
This letter **must be delivered** in the morning.
この手紙は午前に**配達されたにちがいない**。
All the documents **will be submitted** via the Internet.
すべての書類はオンラインで**提出されるだろう**。

14

Why Don't You Come to School in Pajamas?

…かえて，空所に書きなさい。ただし１語とは限りま…

…any people every year.（enjoy）
… in Tokyo.（hold）
…es ________ by the storm last year.（destroy）

… to local schools.
（　　　）
…n stolen.
（　　　）
…tly reported in the news.
（　　　）

…に，（　）内の語句を並べかえて全文を書きなさい。
(1) この写真は 100 年前に撮影されました。
This (was / picture / taken / ago / one hundred / years).
(2) 彼はクマに襲われました。
(he / attacked / by / was) a bear.
(3) そのプロジェクトは注意深く計画されるべきです。
(planned / should / be / the / project) carefully.

確認問題の答え　■(1) is enjoyed　(2) be held　(3) were destroyed ▶ 受動態は被害を表す文脈でもよく使われる。■(1) 全額が地元の学校に寄付されるべきだ。(2) そのカードキーは盗まれたにちがいない。(3) その交通事故はニュースで大きく報道された。■(1) This picture was taken one hundred years ago.　(2) He was attacked by a bear.　(3) The project should be planned carefully.

15

【定期テスト対策問題】

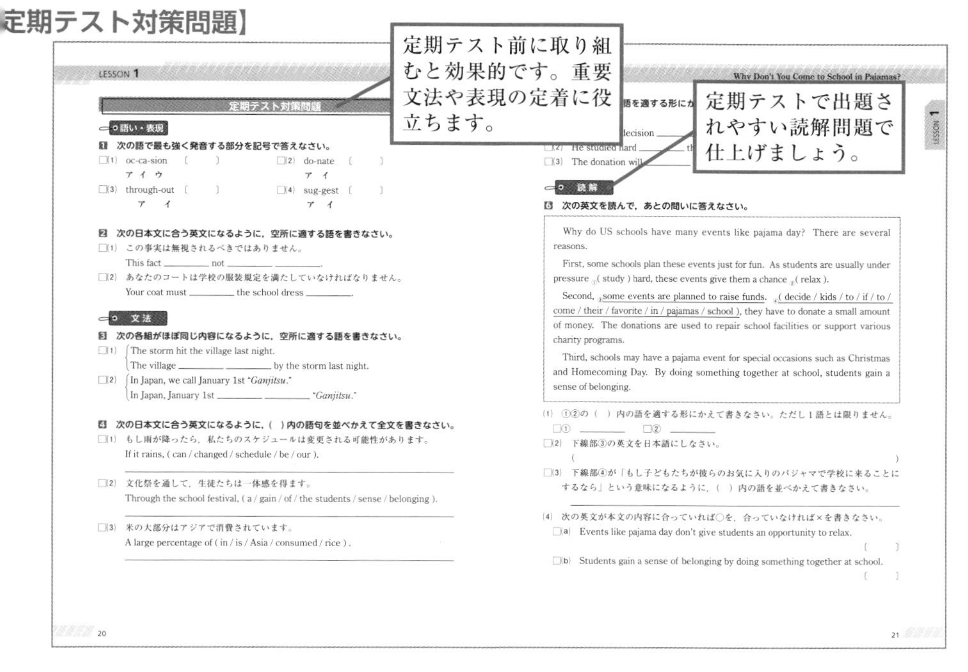

LESSON 1

定期テスト対策問題

語い・表現

1 次の語で最も強く発音する部分を記号で答えなさい。
(1) oc-ca-sion〔　〕 アイウ　(2) do-nate〔　〕 アイ
(3) through-out〔　〕 アイ　(4) sug-gest〔　〕 アイ

2 次の日本文に合う英文になるように，空所に適する語を書きなさい。
(1) この事実は無視されるべきではありません。
This fact ________ not ________ ________.
(2) あなたのコートは学校の服装規定を満たしていなければなりません。
Your coat must ________ the school dress ________.

文法

3 次の各組がほぼ同じ内容になるように，空所に適する語を書きなさい。
(1) The storm hit the village last night.
The village ________ ________ by the storm last night.
(2) In Japan, we call January 1st "*Ganjitsu*."
In Japan, January 1st ________ ________ "*Ganjitsu*."

4 次の日本文に合う英文になるように，（　）内の語句を並べかえて全文を書きなさい。
(1) もし雨が降ったら，私たちのスケジュールは変更される可能性があります。
If it rains, (can / changed / schedule / be / our).
(2) 文化祭を通して，生徒たちは一体感を得ます。
Through the school festival, (a / gain / of / the students / sense / belonging).
(3) 米の大部分はアジアで消費されています。
A large percentage of (in / is / Asia / consumed / rice).

20

Why Don't You Come to School in Pajamas?

…語を適する形にか…
(1) …decision ________
(2) He studied hard ________ th…
(3) The donation will ________

読解

6 次の英文を読んで，あとの問いに答えなさい。

Why do US schools have many events like pajama day? There are several reasons.
First, some schools plan these events just for fun. As students are usually under pressure ①(study) hard, these events give them a chance ②(relax).
Second, ③some events are planned to raise funds. ④(decide / kids / to / if / to / come / their / favorite / in / pajamas / school), they have to donate a small amount of money. The donations are used to repair school facilities or support various charity programs.
Third, schools may have a pajama event for special occasions such as Christmas and Homecoming Day. By doing something together at school, students gain a sense of belonging.

(1) ①②の（　）内の語を適する形にかえて書きなさい。ただし１語とは限りません。
① ________　② ________
(2) 下線部③の英文を日本語にしなさい。
（　　　）
(3) 下線部④が「もし子どもたちが彼らのお気に入りのパジャマで学校に来ることにするなら」という意味になるように，（　）内の語を並べかえて書きなさい。
(4) 次の英文が本文の内容に合っていれば○を，合っていなければ×を書きなさい。
(a) Events like pajama day don't give students an opportunity to relax.〔　〕
(b) Students gain a sense of belonging by doing something together at school.〔　〕

21

LESSON 1

Why Don't You Come to School in Pajamas?

Preview

Introduction

アメリカの学校のさまざまな行事がテーマ。アメリカでは「パジャマデー」や「クレイジーヘアデー」，「インサイドアウトデー」，「ツインデー」，「キャラクターデー」といったユニークな行事がある。その理由には，子どもたちにリラックスする機会を与えるためや資金を集めるため，一体感を得るためなどが挙げられる。ハナがインターネットで見つけたパジャマデーの告知ポスターを読み取り，パジャマデーについての理解を深めよう。

● Part 別に Summary を完成させよう

Part 1 アメリカの学校にはどのような行事がありますか。

アメリカの学校には「パジャマデー」があり，その日は子どもと先生が（　(1)　）なパジャマを着て学校に来て，いつもの授業をパジャマを着たままで受けることができる。その他のユニークな行事がある学校もある。みんなが（　(2)　）髪型で学校に来ることができる「クレイジーヘアデー」や，服を（　(3)　）に着ることができる「インサイドアウトデー」，2人の友だちが同じ服を着ることができる「（　(4)　）デー」，小説や映画の（　(5)　）に扮装（ふんそう）することができる「キャラクターデー」などがある。

Part 2 アメリカの学校で行事が多い理由は何ですか。

アメリカの学校で行事が多いのにはいくつかの理由がある。第一に，生徒たちに（　(6)　）する機会を与えるためである。第二に，（　(7)　）を集めるためである。その寄付金は，学校の（　(8)　）を修復するためや，さまざまな慈善プログラムを支援するために使用される。第三に，学校で一緒に何かをすることで，生徒たちが一体感を得るためである。

Part 3 ハナが見つけたパジャマデーのポスターの概要はどのようなものですか。

ビッグディッパースクール・パジャマデーが，4月15日(火)に開催される。推奨される寄付金は1ドルで，それらはすべて慈善団体に寄付される予定である。お気に入りのパジャマやワンジー，綿毛で覆われた（　(9)　）を身に着けることができるが，学校の服装（　(10)　）を満たしている必要がある。また，持ち物は友だちと一緒に食べるお菓子で，テディベアは持ち込みが禁じられている。

Grammar

A 基本的な受動態の形 ―〈be 動詞＋過去分詞〉

Second, some events **are planned** to raise funds. 〈Part 2, *l*.6〉

第二に，資金を集めるために**企画される**行事もあります。

This special day **is enjoyed** *by* everyone. 〈Part 1, *l*.3〉

この特別な日はみんなに**楽しまれています**。

B 助動詞を受動態の文で使う ―〈助動詞＋ be ＋過去分詞〉

All money **will be donated** to a local charity. 〈Part 3, *l*.5〉

全額が地元の慈善団体に**寄付される予定です**。

C to- 不定詞を使って表現する

If kids decide **to come** to school in their favorite pajamas, they have to donate a small amount of money. 〈Part 2, *l*.6〉

もし子どもたちが彼らのお気に入りのパジャマで学校に**来ること**にするなら，彼らは少額のお金を寄付しなければなりません。 ＊「～すること」

As students are usually under *pressure* **to study** hard, these events give them *a chance* **to relax**. 〈Part 2, *l*.3〉

生徒たちは普段，一生懸命**勉強せよという**精神的重圧を受けているので，これらの行事は彼らに**リラックスする**機会を与えます。 ＊名詞の内容を説明

Second, some events *are planned* **to raise** funds. 〈Part 2, *l*.6〉

第二に，資金**を集めるために**企画される行事もあります。

＊動詞を説明「～するために」

● Summary 完成問題の答え ⟹ (1) カラフル (2) おかしな (3) 裏返し (4) ツイン (5) 登場人物 (6) リラックス (7) 資金 (8) 設備 (9) 室内履き (10) 規定

Part 1 Mr. Brown, Hana's ALT, talks to the class.

教科書 pp.8〜9

本文を読もう　意味のまとまりを意識しながら読もう。

①Schools in the US / have "pajama day." // ②On this day, / kids and teachers can come to school / in colorful pajamas. // ③They have their usual classes in pajamas, / and this special day is enjoyed by everyone.//

④Some schools have other unique events. // ⑤For one event, / everyone can come to school / with a funny hairstyle. // ⑥This day is called "crazy hair day." // ⑦Further, / on "inside-out day," / people can wear their clothes inside out. // ⑧On "twin day," / two friends can wear the same clothes. // ⑨On "character day," / everyone can dress up as a character / from a novel or movie. //

（注釈）
- ① Schools　解説 ／ in the US → Schools
- pajama　NW パジャマの
- ② 解説 ／ kids　NW 子ども ／ kids and teachers → They
- in　〜を着て
- colorful　NW カラフルな
- ③ They　解説
- usual　NW いつもの
- is enjoyed　HU A は(B によって)〜される　楽しまれる
- hairstyle　NW 髪型
- funny　NW おかしい
- ⑥ 解説
- is called　HU A は(B によって)〜される　呼ばれる
- crazy　NW まともでない，ばかげた
- ⑦ Further　解説　さらに
- inside-out　裏返しの
- inside out　KP 裏返しに
- twin　NW 双子の，対をなす
- character　NW 登場人物
- dress up　KP 扮装[変装]する

読解のポイント

▶ アメリカの学校の「パジャマデー」はどのような行事か。

▶ 「パジャマデー」の他にはどのようなユニークな行事があるか。

① Schools in the US have "pajama day."

主語は Schools in the US で，in the US が Schools にかかっている。

② On this day, kids and teachers can come to school in colorful pajamas.

in は「～を着て」という意味の前置詞。ここでは in を wearing にかえた場合も同じ意味になる。

②の英文の訳を完成させなさい。

この日は，（　　　　　　　　　　　　　　　　　　　　　　）。

③ They have their usual classes in pajamas, and this special day is enjoyed by everyone.

They は②の kids and teachers を指す。is enjoyed は現在形の受動態。〈be 動詞＋過去分詞〉で「A は(B によって)～される」という意味を表す。HU

日本文に合う英文になるように，（　）内の語句を並べかえなさい。

(1) このコンピュータは多くの人々によって使われます。

This (is / many people / used / computer / by).

(2) そのスタジアムは 20 年前に建てられました。

(built / years / the stadium / twenty / was) ago.

⑥ This day is called "crazy hair day."

〈SVOC〉の受動態。目的語(O)が主語になり，〈be 動詞＋過去分詞〉の後に補語(C)が置かれた形。動作を行う側が明らかな場合や一般の人の場合は，by「～によって」は省略されることが多い。HU

日本文に合う英文になるように，____に適する語を書きなさい。

彼の犬は彼によってマックスと名づけられました。

His dog ______________ ______________ Max by him.

⑦ Further, on "inside-out day," people can wear their clothes inside out.

・further「さらに」 情報を追加する際に使われる副詞。

・inside out「裏返しに，ひっくり返して」 inside と out をハイフンでつないで，形容詞として使われることもある。

② 子どもと先生がカラフルなパジャマを着て学校に来ることができます
③(1) computer is used by many people　(2) The stadium was built twenty years
⑥ was named

Part 2 Mr. Brown also talks about the background of pajama day.

教科書 pp.10～11

本文を読もう　意味のまとまりを意識しながら読もう。

① Why do US schools have many events / like pajama day? // ② There are several reasons. //

③ First, / some schools plan these events / just for fun. // ④ As students are usually under pressure to study hard, / these events give them a chance to relax. //

（解説：First, 第一に／for fun 楽しみのために／As ～なので／under pressure 精神的重圧を受ける／HU 勉強せよという精神的重圧／NW relax リラックスする／HU リラックスする機会）

⑤ Second, / some events are planned / to raise funds. // ⑥ If kids decide to come to school / in their favorite pajamas, / they have to donate a small amount of money. //

（解説：Second, 第二に／HU ～を集めるために／NW funds 資金／decide to ～することにする，決める／HU 来ること／NW donate ～を寄付する／a small amount of 少額の～）

⑦ The donations are used / to repair school facilities / or support various charity programs. //

（NW donations 寄付金／NW facilities 設備）

⑧ Third, / schools may have a pajama event for special occasions / such as Christmas and Homecoming Day. // ⑨ By doing something together at school, / students gain a sense of belonging. //

（Third, 第三に／NW occasions 行事／Homecoming Day ホームカミングデー／解説／NW gain ～を得る／NW sense 感覚，感じ／NW belonging 帰属，所属）

読解のポイント

▶ アメリカの学校ではなぜ行事が多いか。

③ First, some schools plan these events just for fun.

・first「第一に」 いくつかの物事を列挙する際に文頭に置く。

・for fun「楽しみのために」

④ As students are usually under pressure to study hard, these events give them a chance to relax.

to study と to relax は〈to ＋動詞の原形〉の形で，形容詞的用法の不定詞。名詞 pressure「精神的重圧」と chance「機会」をそれぞれ後ろから修飾している。HU

them は従属節にある students を指す。

・as「〜なので」 理由を表す接続詞。

④の英文の訳を完成させなさい。

生徒たちは普段，一生懸命勉強せよという精神的重圧を受けているので，

(　　　　　　　　　　　　　　　　　　　　　　　　　　　　)。

⑤ Second, some events are planned to raise funds.

to raise は〈to ＋動詞の原形〉の形で，副詞的用法の不定詞。funds を伴って「資金を集めるために」という意味を表す。HU

are planned は〈be 動詞＋過去分詞〉の受動態で，「企画される」という意味を表す。

・second「第二に」 ここでは副詞。

日本文に合う英文になるように，(　) 内の語を並べかえなさい。

ベンは公園で走るために早く起きました。

Ben (early / up / run / in / got / to) the park.

⑥ If kids decide to come to school in their favorite pajamas, they have to donate a small amount of money.

to come は〈to ＋動詞の原形〉で，名詞的用法の不定詞。「来ること」という意味を表し，decide の目的語になっている。HU

If は「もし〜なら」という〈条件〉を表す接続詞。後に〈S ＋ V〉の文が続く。

・a small amount of「少額の〜」

日本文に合う英文になるように，____に適する語を書きなさい。

彼女はパリに住みたいと思っています。

She wants ______________ ______________ in Paris.

⑨ By doing something together at school, students gain a sense of belonging.

doing は「すること」という意味の動名詞。something together at school を伴って前置詞 By の目的語になっている。

④ これらの行事は彼らにリラックスする機会を与えます　⑤ got up early to run in　⑥ to live

On the Internet, Hana finds a poster announcing a pajama day at a school in the US.

教科書 pp.12〜13

本文を読もう　意味のまとまりを意識しながら読もう。

① **Big Dipper School Pajama Day**

② **Time to Show the Big Dipper School Spirit**

③ Day: Tuesday, April 15th

④ Suggested Donation: $1
NW ～を提案する，勧める

▶解説　HU ～される予定である
⑤ All money will be donated / to a local charity. //

▶解説
⑥ ◆ Come to school in your favorite pajamas / and have a good time for a good cause. //
in：～を着て　KP for a good cause：大義のために

NW 室内履き
⑦ ◆ You can wear fuzzy slippers / and your favorite pajamas or onesie! //
NW fuzzy：綿毛で覆われた　onesie：ワンジー

▶解説
⑧ ◆ Take part in many fun and memorable activities / throughout the day. //
Take part in：～に参加する　NW throughout：～の間じゅう

▶解説　～を…と共有する
⑨ ◆ Bring a snack / to share with your friends / between activities. //
snack：お菓子　to share with：一緒に食べる

▶解説　～を満たす
⑩ ◆ Remember, / your pajamas must meet the school dress code. //
must：～しなければならない　NW code：規定

⑪ ◆ No teddy bears, please! //
teddy bears：テディベア

読解のポイント

▶ 「ビッグディッパースクール・パジャマデー」の概要はどのようなものか。

⑤ All money will be donated to a local charity.

will be donated は，will の後に受動態〈be 動詞＋過去分詞〉を置いた形。助動詞の後の動詞は必ず原形なので，be 動詞が原形 be になっている。ここでは donate ～ to ...「～を…に寄付する」が be donated to という受動態の形で使われている。HU

確認問題 日本文に合う英文になるように，（　）内の語句を並べかえなさい。

(1) 夕食は彼女によって作られるでしょう。
(made / be / dinner / by / will) her.

(2) その箱をここで開けてはいけません。
(not / opened / the box / must / be) here.

⑥ Come to school in your favorite pajamas and have a good time for a good cause.

・in「～を着て」

・for a good cause「大義のために」　ここでは cause は「大義」という意味を表す。

⑧ Take part in many fun and memorable activities throughout the day.

・take part in「～に参加する」

・throughout the day「1日中」　throughout は「～の間じゅう」という意味の前置詞。

⑨ Bring a snack to share with your friends between activities.

to share は〈to ＋動詞の原形〉の形で，形容詞的用法の不定詞。名詞 snack「お菓子」を後ろから修飾している。

・share ～ with ...「～を…と共有する」

⑨の英文の訳を完成させなさい。

活動の合間に（　　　　　　　　　　　　　　　　）。

⑩ Remember, your pajamas must meet the school dress code.

Remember は，文頭に置いて命令形で使われている。〈Remember, S+V ～〉で「～を覚えておいてください」，〈must ＋動詞の原形〉で「～しなければならない」という意味を表す。

・meet「(要求・期待など)を満たす」

・dress code「服装規定」　各場所での服装の規定。

⑤(1) Dinner will be made by　(2) The box must not be opened
⑨ あなたの友だちと一緒に食べるお菓子を持ってきてください

文法のまとめ

A 基本的な受動態の形 ―〈be 動詞＋過去分詞〉

The Olympic Games **are held** every four years.
S　└〈be 動詞の現在形(are)＋過去分詞〉で現在の受け身を表す。
オリンピックは4年ごとに**開かれる**。

┌〈by ～〉で行為者を表す。
She **is called** Sue *by* her classmates.
S　└〈be 動詞の現在形(is)＋過去分詞〉で現在の受け身を表す。
彼女はクラスメートにスー**と呼ばれている**。

※受動態はSに焦点を当てた文脈においてよく使われる。行為者が明らかな場合や不明な場合は，〈by ～〉を省略することが多い。

例文

This book **is read** around the world.
この本は世界中で**読まれている**。

Many buildings **were destroyed** *by* the earthquake.
地震で多くの建物が**壊された**。

B 助動詞を受動態の文で使う ―〈助動詞＋ be ＋過去分詞〉

┌助動詞の後の動詞はいつも原形。
This fact **should**n't **be ignored**.
助動詞┘　└受動態〈be 動詞＋過去分詞〉
この事実は**無視されるべき**ではない。

例文

This letter **must be delivered** in the morning.
この手紙は午前に**配達されたにちがいない**。

All the documents **will be submitted** via the Internet.
すべての書類はオンラインで**提出されるだろう**。

演習問題

1 次の（　）内の語を適する形にかえて，空所に書きなさい。ただし１語とは限りません。

(1) The concert ＿＿＿＿＿ by many people every year.　(enjoy)

(2) The meeting will ＿＿＿＿＿ in Tokyo.　(hold)

(3) More than one hundred houses ＿＿＿＿＿ by the storm last year.　(destroy)

2 次の英文を日本語にしなさい。

(1) All money should be donated to local schools.

(　　　　　　　　　　　　　　　　　　　　　　　　　　　　　　　　　　　)

(2) The card key must have been stolen.

(　　　　　　　　　　　　　　　　　　　　　　　　　　　　　　　　　　　)

(3) The traffic accident was greatly reported in the news.

(　　　　　　　　　　　　　　　　　　　　　　　　　　　　　　　　　　　)

3 次の日本文に合う英文になるように，（　）内の語句を並べかえて全文を書きなさい。

(1) この写真は 100 年前に撮影されました。

This (was / picture / taken / ago / one hundred / years).

＿＿＿＿＿＿＿＿＿＿＿＿＿＿＿＿＿＿＿＿＿＿＿＿＿＿＿＿＿＿

(2) 彼はクマに襲われました。

(he / attacked / by / was) a bear.

＿＿＿＿＿＿＿＿＿＿＿＿＿＿＿＿＿＿＿＿＿＿＿＿＿＿＿＿＿＿

(3) そのプロジェクトは注意深く計画されるべきです。

(planned / should / be / the / project) carefully.

＿＿＿＿＿＿＿＿＿＿＿＿＿＿＿＿＿＿＿＿＿＿＿＿＿＿＿＿＿＿

演習問題の答え **1**(1) is enjoyed　(2) be held　(3) were destroyed ▶ 受動態は被害を表す文脈でもよく使われる。 **2**(1) 全額が地元の学校に寄付されるべきだ。 (2) そのカードキーは盗まれたにちがいない。 (3) その交通事故はニュースで大きく報道された。 **3**(1) This picture was taken one hundred years ago.　(2) He was attacked by a bear.　(3) The project should be planned carefully.

C to- 不定詞を使って表現する

名詞的用法の不定詞

His dream is **to be** a cook.

「～すること」

彼の夢はコックに**なること**です。

形容詞的用法の不定詞

He made a *promise* **to take** me to his hometown.

名詞の内容を説明「～する(ための)」

彼は私を彼の故郷に**連れていくという**約束をした。

副詞的用法の不定詞

We *went* to the stadium **to watch** the soccer game.

動詞を説明「～するために」

私たちはサッカーの試合**を見るために**競技場に行った。

The main goal of this project is **to build** a school in the village.

このプロジェクトの主な目標は村に学校**を建てること**だ。

Mr. Suzuki needs *someone* **to help** him.

鈴木さんは彼を**手伝ってくれる**人を必要としている。

My brother *studied* hard **to pass** the exam.

私の兄は試験**に合格するために**一生懸命勉強した。

演習問題

1 次の日本文に合う英文になるように，空所に適する語を書きなさい。

(1) 私は始発電車に乗るために早く起きました。
I got up early ________ ________ ________ the first train.

(2) 彼女は来年留学するという計画について私に話しました。
She told me about her plan ________ ________ abroad next year.

(3) 私の趣味は絵を描くことです。
My hobby is ________ ________ pictures.

(4) 私たちは海外旅行をするために節約しました。
We saved money ________ ________ overseas.

2 次の英文を日本語にしなさい。

(1) I started jogging to reduce weight.
(　　　　　　　　　　　　　　　　　　　　　　　　)

(2) The company gave her a chance to study chemistry at university.
(　　　　　　　　　　　　　　　　　　　　　　　　)

3 次の日本文に合う英文になるように，(　) 内の語を並べかえて全文を書きなさい。

(1) 彼女は起業する決断をしました。
She made (start / a / to / business / decision / a / new).

____

(2) 私たちはチケットを買うために長い時間待ちました。
We (long / waited / a / buy / ticket / to).

____

(3) あなたには投票する権利があります。
(have / right / you / the / vote / to).

____

演習問題の答え **1**(1) to get on ▶ 不定詞の副詞的用法を使った文。 (2) to study ▶ 不定詞の形容詞的用法を使った文。 (3) to draw[paint] ▶ 不定詞の名詞的用法の文。 (4) to travel **2**(1) 私は体重を減らすためにジョギングを始めた。 (2) その会社は彼女に大学で化学を学ぶ機会を与えた。 **3**(1) She made a decision to start a new business. (2) We waited long to buy a ticket. (3) You have the right to vote.

Key Phrase のまとめ

(ページ)

8	□ **inside out** 裏返しに，ひっくり返して ▶ 副詞的に使う。 I wore my T-shirt *inside out*.（私はTシャツを裏返しに着ていた）
8	□ **dress up** 扮装[変装]する ▶〈dress up as ＋名詞〉で「～に扮装する」という意味。 I *dressed up* as a ghost for Halloween. （私はハロウィーンでおばけに扮装した）
12	□ **for a good cause** 大義のために ▶「正当な理由があって」という文脈で使われる。 The community center collected money from people in the town *for a good cause*.（公民館は大義のために町の人々からお金を集めた）

◆ その他の重要表現 ◆

10	□ **under pressure** 精神的重圧を受けている ▶ under は「～の下に」という意味を表すが，文意によって自然になるように訳す。 He practiced soccer *under pressure*. （彼は精神的重圧を受けながらサッカーを練習した）
10	□ **a chance to** ～する機会 ▶ chance は「機会」という意味で使う場合には可算名詞となり，a がつくことに注意。 I got *a chance to* study abroad.（私は留学する機会を得た）
10	□ **decide to** ～することにする，決める ▶ decide に続く動詞は to- 不定詞をとる。 She *decided to* be a doctor.（彼女は医師になることにした）
10	□ **a sense of** ～感，～という感覚 ▶ sense は「感覚，感じ」という意味。 After the event, we gained *a sense of* belonging. （その催しの後，私たちは一体感を得た）

演習問題

1 次の日本文に合う英文になるように，空所に適する語を書きなさい。

(1) その画家には優れた色彩感覚があります。
The painter has a nice ________ of color.

(2) 私は精神的重圧を受けながら数学を勉強しました。
I studied math ________ ________.

(3) その学校は大義のために生徒たちからお金を集めました。
The school collected money from students ________ ________ ________ cause.

(4) 彼は有名になる機会を得ました。
He got a ________ ________ be famous.

(5) 私は靴下を裏返しにはいていました。
I put on my socks ________ ________.

(6) 私の兄はフランス語を勉強することにしました。
My brother ________ ________ study French.

2 次の英文を日本語にしなさい。

(1) You have a strong sense of responsibility.
(　　　　　　　　　　　　　　　　　　　　　　　　　　)

(2) The hospital asked for donations for a good cause.
(　　　　　　　　　　　　　　　　　　　　　　　　　　)

(3) Don't wear your T-shirt inside out.
(　　　　　　　　　　　　　　　　　　　　　　　　　　)

(4) I dressed up as Superman for the school festival.
(　　　　　　　　　　　　　　　　　　　　　　　　　　)

(5) I decided to practice the drums hard.
(　　　　　　　　　　　　　　　　　　　　　　　　　　)

演習問題の答え **1**(1) sense (2) under pressure (3) for a good (4) chance to (5) inside out (6) decided to **2**(1) あなたは責任感が強い。 (2) その病院は大義のために寄付を求めた。 (3) Tシャツを裏返しに着てはいけない。 (4) 私は文化祭でスーパーマンに扮装した。 (5) 私は一生懸命ドラムを練習することにした。

定期テスト対策問題

語い・表現

1 次の語で最も強く発音する部分を記号で答えなさい。

□(1) oc-ca-sion 〔　　　〕
ア イ ウ

□(2) do-nate 〔　　　〕
ア イ

□(3) through-out 〔　　　〕
ア イ

□(4) sug-gest 〔　　　〕
ア イ

2 次の日本文に合う英文になるように，空所に適する語を書きなさい。

□(1) この事実は無視されるべきではありません。
This fact ________ not ________ ________.

□(2) あなたのコートは学校の服装規定を満たしていなければなりません。
Your coat must ________ the school dress ________.

文法

3 次の各組がほぼ同じ内容になるように，空所に適する語を書きなさい。

□(1) The storm hit the village last night.
The village ________ ________ by the storm last night.

□(2) In Japan, we call January 1st "*Ganjitsu*."
In Japan, January 1st ________ ________ "*Ganjitsu*."

4 次の日本文に合う英文になるように，(　)内の語句を並べかえて全文を書きなさい。

□(1) もし雨が降ったら，私たちのスケジュールは変更される可能性があります。
If it rains, (can / changed / schedule / be / our).

____

□(2) 文化祭を通して，生徒たちは一体感を得ます。
Through the school festival, (a / gain / of / the students / sense / belonging).

____

□(3) 米の大部分はアジアで消費されています。
A large percentage of (in / is / Asia / consumed / rice) .

____

5 次の（　）内の語を適する形にかえて，空所に書きなさい。ただし１語とは限りません。

□(1) She made a decision ________ something new this year.　(start)

□(2) He studied hard ________ the upcoming test.　(pass)

□(3) The donation will ________ to buy books for children.　(use)

読解

6 次の英文を読んで，あとの問いに答えなさい。

Why do US schools have many events like pajama day? There are several reasons.

First, some schools plan these events just for fun. As students are usually under pressure ①(study) hard, these events give them a chance ②(relax).

Second, ③<u>some events are planned to raise funds.</u> ④<u>(decide / kids / to / if / to / come / their / favorite / in / pajamas / school)</u>, they have to donate a small amount of money. The donations are used to repair school facilities or support various charity programs.

Third, schools may have a pajama event for special occasions such as Christmas and Homecoming Day. By doing something together at school, students gain a sense of belonging.

(1) ①②の（　）内の語を適する形にかえて書きなさい。ただし１語とは限りません。

□① ________　　□② ________

□(2) 下線部③の英文を日本語にしなさい。

(　　　　　　　　　　　　　　　　　　　　　　　　　　　　)

□(3) 下線部④が「もし子どもたちが彼らのお気に入りのパジャマで学校に来ることにするなら」という意味になるように，（　）内の語を並べかえて書きなさい。

____

(4) 次の英文が本文の内容に合っていれば○を，合っていなければ×を書きなさい。

□(a) Events like pajama day don't give students an opportunity to relax.

〔　　　〕

□(b) Students gain a sense of belonging by doing something together at school.

〔　　　〕

定期テスト対策問題の解答・解説

1 (1) イ　(2) ア　(3) イ　(4) イ

解説 (2) 動詞 donate は名詞 donation とアクセントが異なるので注意。

2 (1) should, be ignored　(2) meet, code

解説 (1)「～を無視する」は **ignore**。「～されるべきだ」は〈**should+be+過去分詞**〉。

(2)「〈要求など〉を満たす」は **meet**。「規定，規則」は **code**。

3 (1) was hit　(2) is called

解説 (1) 能動態の文「昨夜，嵐がその村を襲いました」を受動態の文に書きかえる。last night とあるので，be 動詞は過去形 **was** にする。hit の過去分詞は **hit**。

(2) 能動態の文「日本では1月1日を『元日』と呼びます」を受動態の文に書きかえる。January 1st を主語にして，「日本では1月1日は『元日』と呼ばれます」という表現にする。call の過去分詞は **called**。

4 (1) If it rains, our schedule can be changed.

(2) Through the school festival, the students gain a sense of belonging.

(3) A large percentage of rice is consumed in Asia.

解説 (1)「～される可能性がある」は〈**can+be+過去分詞**〉。

(2)「～を得る，獲得する」は **gain**。「～感，～という感覚」は **a sense of**。

(3) A large percentage of rice までが主語。「～を消費する」**consume** の過去分詞は **consumed**。

5 (1) to start　(2) to pass　(3) be used

解説 (1) 不定詞〈**to+動詞の原形**〉の形容詞的用法で，直前の decision を説明する。

(2) 不定詞〈**to+動詞の原形**〉の副詞的用法で，動詞 studied を説明する。

(3)「～されるだろう」の意味で〈**助動詞 (will)+be+過去分詞**〉を用いる。The donation を主語にするので，**will be used** の形にする。続く **to buy books** は，不定詞〈**to+ 動詞の原形**〉の副詞的用法で，「本を買うために」という意味を表す。

6 (1) ① to study ② to relax

(2) 資金を集めるために企画される行事もあります

(3) If kids decide to come to school in their favorite pajamas

(4) (a) × (b) ○

解説 (1) ① 不定詞〈**to+ 動詞の原形**〉の形容詞的用法で，直前の pressure を説明する。

② 不定詞〈**to+ 動詞の原形**〉の形容詞的用法で，直前の chance を説明する。

(2) 不定詞〈**to+ 動詞の原形**〉の副詞的用法で，are planned を説明する。**raise funds** は「資金を集める」という意味を表す。

(3) 「～するなら」とあるので，**If** を文頭に置く。**decide to come to school** は to come to school が decide の目的語となる不定詞〈**to+ 動詞の原形**〉の名詞的用法。

(4) (a) 「パジャマデーのような行事は生徒たちにリラックスする機会を与えません」という意味の文。第 2 段落第 2 文参照。these events give them a chance to relax とあるので，合っていない。

(b) 「生徒たちは学校で一緒に何かをすることで一体感を得ます」という意味の文。最終文参照。By doing something together at school, students gain a sense of belonging. とあるので，合っている。

LESSON
2 Is Seeing Believing?

Preview

Introduction

だまし絵アートがテーマ。日本にはだまし絵アートの長い歴史があり，江戸時代には浮世絵師の歌川国芳が多くの作品をつくった。オランダにもだまし絵アートの歴史があり，20 世紀に版画家のマウリッツ・エッシャーが活躍した。ケンとエマがインターネットニュースで見つけただまし絵アートに関する報道を読み取り，その実用的用途について考えてみよう。

● Part 別に Summary を完成させよう

Part 1 歌川国芳の作品にはどのようなものがありますか。

絵 A は，男性の肖像画のように見えるが，たくさんの（　(1)　）男性で構成されている。絵 B には，（　(2)　）を意味する日本語が見えるが，その 3 文字のそれぞれが，実際は（　(3)　）で構成されている。絵 C の男性は（　(4)　）が悪そうに見えるが，絵を（　(5)　）してみると，違って見える。国芳の作品は，芸術的センスと（　(6)　）のセンスの組み合わせのよい例である。

Part 2 マウリッツ・エッシャーの作品にはどのようなものがありますか。

一見したところでは，エッシャーの版画は（　(7)　）でふつうであるように見えるが，実際は，彼は作品のなかで非現実的なものや（　(8)　）なものを表している。『描く手』では，それぞれの手が（　(9)　）を描いており，見る者を混乱させる。『(　(10)　)』では，水が（　(10)　）の下から上にさかのぼって流れるのが見える。『相対性』では，方向感覚を失い，何が上で何が下なのかわからない。これらの作品は，「見ることは信じること（→百聞は一見にしかず)」という（　(11)　）に異議を唱えているようだ。

Part 3 だまし絵アートにはどのような実用的用途がありますか。

豊中市の 8 歳の少年が，自転車の（　(12)　）を解決する方法を思いついた。豊中市役所はその少年のアイデアを採用し，花壇のだまし絵を公共の（　(13)　）に貼りつけた。遠くからだと，その絵はただふつうの（　(14)　）花の絵に見えるだけだが，（　(15)　）からだと，その花が立体的に立ち上がるように見える。最初の 1 週間がたった後，市の職員は違法駐輪が減っているのを見た。

Grammar

A 関係代名詞を使って表現する

1. 前の語について説明する ― **関係代名詞 who/which/that（限定用法）**

Utagawa Kuniyoshi was *an ukiyoe artist* **who** produced many works in the Edo period. 〈Part 1, *l*.1〉

歌川国芳は，江戸時代に多くの作品をつくった**浮世絵師**でした。

Next, in Picture B, you see *the Japanese word* **that** means eel. 〈Part 1, *l*.5〉

次に，絵 B には，ウナギを意味する**日本語**が見えます。

2. 先行詞の後にコンマをつけて，説明を付け加える ― **関係代名詞の継続用法①（～, who/which ...）**

However, each of the three letters actually consists of *cats*, **which** Kuniyoshi loved throughout his life. 〈Part 1, *l*.6〉

しかしながら，その 3 文字のそれぞれが，実際はネコで構成されていて，**それ［ネコ］は**国芳が彼の生涯を通して愛したものでした。

B 文の目的語として，疑問文を組み込む ― SVO（O=wh- 節）

You cannot say **what** is up and what is down. 〈Part 2, *l*.9〉

何が上で何が下なのかわかりません。

C 現在完了や過去完了を使って表現する

1. 過去から続く現在のことについて述べる ― **現在完了〈have/has ＋過去分詞〉**

Illegal parking of bikes **has been** an irritating problem for the people in Osaka. 〈Part 3, *l*.3〉

大阪で，自転車の違法駐輪は，人々をいらいらさせ**てきた**問題である。

2. 「過去のある時点のこと」を，「それより前のこと」と関連して示す ― **過去完了〈had ＋過去分詞〉**

After the first week, they saw that illegal parking **had decreased**.

〈Part 3, *l*.14〉

最初の 1 週間がたった後，彼らは違法駐輪**が減っている**のを見た。

● Summary 完成問題の答え ⟹ (1) 裸の (2) ウナギ (3) ネコ (4) 機嫌 (5) 逆さまに (6) ユーモア (7) 現実的 (8) 不自然 (9) もう一方の手 (10) 滝 (11) ことわざ (12) 違法駐輪 (13) 歩道 (14) 平らな (15) 近く

Part 1 Ken introduces Utagawa Kuniyoshi's illusionist art to Emma.

教科書 pp.18～19

本文を読もう　意味のまとまりを意識しながら読もう。

①Japan has a long history of illusionist art. // ②Utagawa Kuniyoshi was an *ukiyoe* artist / who produced many works in the Edo period. //

（だまし絵アート／➲解説 歌川国芳／浮世絵師／HU 関係代名詞の限定用法／作品／江戸時代に多くの作品をつくった）

③Picture A seems to be a portrait of a man. // ④However, / it consists of many naked men. // ⑤Next, / in Picture B, / you see the Japanese word / that means eel. //

（～のように見える／➲解説 ～で構成される／NW 裸の／➲解説 次に／日本語／HU 関係代名詞の限定用法／ウナギを意味する／NW ウナギ）

⑥However, / each of the three letters / actually consists of cats, / which Kuniyoshi loved throughout his life. // ⑦Last, / look at Picture C. // ⑧The man seems to be in a bad mood. // ⑨Now, / turn the picture upside down. // ⑩It looks different.//

（➲解説 ～のそれぞれ／文字／NW 実際は／HU 関係代名詞の継続用法／最後に／NW 機嫌／機嫌が悪い／NW 上側／KP 逆さまに）

⑪Kuniyoshi's works are a good example of a combination / of artistic sense and a sense of humor. //

（NW ユーモア）

読解のポイント

▶ 歌川国芳はどのような人物か。

▶ 歌川国芳のだまし絵アートにはどのようなものがあるか。

▶ ケンは歌川国芳のだまし絵アートについてどのように感じているか。

② Utagawa Kuniyoshi was an *ukiyoe* artist who produced many works in the Edo period.

who produced many works in the Edo period は，先行詞 an *ukiyoe* artist を修飾する関係代名詞節。who は関係代名詞節の中で主語の働きをしている。先行詞が〈人〉を表すとき，主格の関係代名詞は who を使う。HU

・work「作品」「作品」の意味では可算名詞。

②の英文の訳を完成させなさい。
歌川国芳は，（　　　　　　　　　　　　　　　　　　　　）。

④ However, it consists of many naked men.

it は③の a portrait of a man を指す。

・consist of「～で構成される」 consist は自動詞なので，前置詞 of の後に名詞を続ける。

⑤ Next, in Picture B, you see the Japanese word that means eel.

that means eel は，先行詞 the Japanese word を修飾する関係代名詞節。that は関係代名詞節の中で主語の働きをしている。先行詞が〈物・事〉を表すとき，主格の関係代名詞は which か that を使う。HU

・next「次に」 文全体を修飾している副詞。

日本文に合う英文になるように，（　）内の語句を並べかえなさい。
ビルは大きなプールがある家に住んでいます。
Bill lives (a big / that / a house / in / has / pool).

⑥ However, each of the three letters actually consists of cats, which Kuniyoshi loved throughout his life.

関係代名詞の前にコンマがある形を関係代名詞の継続用法という。ここでは，先行詞 cats について，関係代名詞節 which Kuniyoshi loved throughout his life が補足的に説明している。HU

・each of「～のそれぞれ」 三人称単数形扱い。

・letter「文字」

⑥の英文の訳を完成させなさい。
しかしながら，その 3 文字のそれぞれが，（　　　　　　　　　　　　　　）。

② 江戸時代に多くの作品をつくった浮世絵師でした　⑤ in a house that has a big pool
⑥ 実際はネコで構成されていて，それ[ネコ]は国芳が彼の生涯を通して愛したものでした

Emma introduces the illusionist works of Maurits Escher to Ken.

教科書 pp.20 ～ 21

本文を読もう 意味のまとまりを意識しながら読もう。

① The Netherlands also has a history of illusionist art. // ② Maurits Escher was a printmaker / in the 20th century. // ③ At first sight, / Escher's prints seem to be realistic and normal. // ④ However, / he actually shows the unreal and unnatural / in his works. //

- The Netherlands：オランダ
- Maurits Escher：マウリッツ・エッシャー
- NW printmaker：版画家
- ➲解説 NW sight：見ること，視覚
- KP At first sight：一見したところでは
- seem to：～のように見える
- NW realistic：現実的な
- NW normal：ふつうの
- NW unreal：非現実的な
- NW unnatural：不自然な

⑤ In *Drawing Hands*, / each hand is drawing the other. // ⑥ It is very confusing. //

- ➲解説 It = each hand is drawing the other
- NW confusing：混乱させる，紛らわしい

⑦ In *Waterfall*, / you see the water run / from the bottom of the waterfall / back up to the top. // ⑧ In *Relativity*, / you lose your sense of direction. // ⑨ You cannot say / what is up / and what is down. //

- ➲解説 ⑦ see (V) the water (O) run (C)
- NW Waterfall：滝
- NW bottom：底，最低部
- NW Relativity：相対性
- ➲解説 HU SVO (O = wh- 節) ⑨ You (S) cannot say (V) what is up / and what is down (O)

⑩ I feel / that the works of both Utagawa and Escher / challenge the saying / "Seeing is believing." // ⑪ I cannot believe my own eyes. //

- ➲解説 ⑩ I (S) feel (V) that the works of both Utagawa and Escher challenge the saying (O)
- both ～ and …：～も…も
- challenge：～に異議を唱える
- NW saying：ことわざ

読解のポイント

- ▶ エッシャーはどのような人物か。
- ▶ エッシャーのだまし絵作品にはどのようなものがあるか。
- ▶ エマはだまし絵作品ついてどのように感じているか。

③ At first sight, Escher's prints seem to be realistic and normal.
〈seem to ＋動詞の原形〉で「～のように見える」という意味を表す。

⑥ It is very confusing.
It は⑤の each hand is drawing the other を指す。

⑦ In *Waterfall*, you see the water run from the bottom of the waterfall back up to the top.
see「見る」は知覚動詞。〈see ＋ O ＋原形不定詞(＝動詞の原形)〉で「O が～するのを見る」という意味を表す。O は原形不定詞の意味上の主語になるので，see the water run from the bottom of the waterfall back up to the top で「水が滝の下から上にさかのぼって流れるのが見える」という意味になる。

日本文に合う英文になるように，（　）内の語を並べかえなさい。
私はトムが道路を横切るのを見ました。
I (street / Tom / the / cross / saw).

⑨ You cannot say what is up and what is down.
What is up and what is down? という疑問文が組み込まれた間接疑問文。what is up and what is down は cannot say の目的語。HU

日本文に合う英文になるように，＿＿に適する語を書きなさい。
(1) あなたは彼女が何を欲しいのか知っていますか。
Do you know what ＿＿＿＿＿＿ ＿＿＿＿＿＿?
(2) 私はだれがこのコップを割ったのかわかりません。
I don't know ＿＿＿＿＿＿ ＿＿＿＿＿＿ this glass.

⑩ I feel that the works of both Utagawa and Escher challenge the saying "Seeing is believing."
〈SVO〉の文。I が主語(S)，feel が動詞(V)，that 節が目的語(O)。〈feel ＋ that 節〉で「～(that 節の内容)であると感じる」という意味を表す。この that は「～ということ」の意味の接続詞で，後に〈S ＋ V〉の文が続く。
・both ～ and ...「～も…も」
・challenge「～に異議を唱える」 ここでは動詞。
・saying「ことわざ」 saying の後に that が省略されている。

⑩の英文の訳を完成させなさい。
歌川の作品もエッシャーの作品も，(　　　　　　　　　　　　　　　　)。

確認問題の答え
⑦ saw Tom cross the street　⑨(1) she wants　(2) who broke
⑩「見ることは信じること(→百聞は一見にしかず)」ということわざに異議を唱えていると私は感じます

Part 3 Ken and Emma find an Internet news report on the practical use of illusionist art.

教科書 pp.22～23

本文を読もう　意味のまとまりを意識しながら読もう。

① **The Big Dipper Times**

② **Will a flower bed stop illegal bike parking?**
（flower bed：花壇　NW illegal：違法の　NW parking：駐輪）

③ January 31, 2020

④ Illegal parking of bikes / has been an irritating problem / for the people in Osaka. // ⑤ Now an 8-year-old boy in Toyonaka City / has thought of a way / to solve this problem. // ⑥ He believes / that people will not park their bikes / on a flower bed. //

（④ ▶解説　Illegal parking of bikes：違法駐輪　HU has been：継続「(今まで) ずっと～だ」　NW irritating：いらいらさせる）
（⑤ ▶解説　Toyonaka City：豊中市　HU has thought：完了・結果「(今) ～したところだ」　thought of：～を思いついた　a way / to solve：～する方法）
（⑥ ▶解説　believes / that：～と信じている　park：～をとめる）

⑦ The city office adopted the boy's idea. // ⑧ Then it began an experiment / together with Osaka University and a company. // ⑨ It put an illusionist picture of a flower bed / on a public sidewalk. // ⑩ From a distance, / the picture just looks like / an ordinary flat drawing of flowers. // ⑪ From nearby, / however, / the flowers suddenly seem to stand up in 3-D. // ⑫ City officials are hopeful / that the idea will work. // ⑬ After the first week, / they saw / that illegal parking had decreased. //

（⑧ ▶解説　NW experiment：実験　KP together with：～と共に　Osaka University：大阪大学）
（⑨ illusionist picture：だまし絵　NW sidewalk：歩道）
（⑩ From a distance：遠くから　NW ordinary：ふつうの　NW flat：平らな）
（⑪ NW nearby：近くに　NW suddenly：突然　3-D：立体）
（⑫ NW hopeful：期待している　are hopeful / that：～と期待している）
（⑬ ▶解説　saw / that：～を見た　HU had decreased：完了・結果「(過去のある時点までには)～して(しまって)いた」）

読解のポイント

▶ 違法駐輪を解決するために 8 歳の少年が考えたアイデアは何か。

▶ 花壇のだまし絵によって違法駐輪はどのようになったか。

④ Illegal parking of bikes has been an irritating problem for the people in Osaka.

has been は〈継続〉を表す現在完了。been は be 動詞の過去分詞形。〈have / has + 過去分詞〉で「(今まで)ずっと～だ」という意味を表す。HU

・illegal parking「違法駐輪」

日本文に合う英文になるように，____ に適する語を書きなさい。

彼は３年間ずっと英語を勉強しています。

He ______ ______ English for three years.

⑤ Now an 8-year-old boy in Toyonaka City has thought of a way to solve this problem.

has thought は「～を思いついた」という〈完了・結果〉を表す現在完了。thought は think の過去分詞形。〈have / has + 過去分詞〉で「(今)～したところだ」という意味を表す。HU

this problem は④の Illegal parking of bikes を指す。

⑤の英文の訳を完成させなさい。

そこで，豊中市の８歳の少年が，(　　　　　　　　　　)。

⑥ He believes that people will not park their bikes on a flower bed.

〈SVO〉の文。He が主語(S)，believes が動詞(V)，that 節が目的語(O)。〈believe + that 節〉で「～(that 節の内容)を信じる」という意味を表す。この that は「～ということ」の意味の接続詞で，後に〈S + V〉の文が続く。

・park「～をとめる，～を駐車[駐輪]する」 ここでは他動詞。

・flower bed「花壇」

⑧ Then it began an experiment together with Osaka University and a company.

it は⑦の The city office を指す。

⑬ After the first week, they saw that illegal parking had decreased.

had decreased は「減っていた」という〈完了・結果〉を表す過去完了。過去のある時点までには完了していたことを表す際に使われる。〈had + 過去分詞〉で「(過去のある時点までには)～して(しまって)いた」という意味を表す。HU

〈see + that 節〉で「～(that 節の内容)が見える，目に入る」という意味を表す。they は⑫の City officials を指す。

日本文に合う英文になるように，____ に適する語を書きなさい。

私が家に帰ったとき，リサはすでに寝ていました。

Lisa ______ already ______ to bed when I got home.

④ has studied　⑤この問題を解決する方法を思いついた　⑬ had, gone

文法のまとめ

A 関係代名詞を使って表現する

1. 前の語について説明する ― 関係代名詞 who / which / that（限定用法）

〈人〉を表す先行詞　主格の関係代名詞

Mr. Sato has *two sons* **who** are students.
S V

サトウさんには学生である**息子が2人**いる。

＊2人の他にも息子がいる可能性がある。

例文

This is *the bus* **which[that]** goes to the museum.

これは美術館へ行く**バス**だ。

2. 先行詞の後にコンマをつけて，説明を付け加える ― 関係代名詞の継続用法①（~, who / which ...）

(→ and they are students)

Mr. Ueda has *two sons*, **who** are students.

ウエダさんには息子が2人いて，**2人とも**学生である。

＊息子は学生の2人だけ。

例文

He wrote *the book*, **which** many children enjoyed.

彼はその本を書いたが，多くの子どもたちが**それ**を楽しんだ。

B 文の目的語として，疑問文を組み込む ― SVO（O = wh- 節）

wh- 節

I know **where** he lives.
S V O

私は彼が**どこ**に住んでいるのか知っています。

例文

We talked about **what** we should do next.

私たちは次に**何**をすべきかについて話した。

Tell me **why** you were late.

あなたが遅刻した**理由**を教えてください。

演習問題

1 次の日本文に合う英文になるように，空所に適する語を書きなさい。

(1) 彼はたくさんの作品をつくった日本画家でした。
He was a Japanese painter ＿＿＿＿＿ produced many works.

(2) 私は彼が言ったことが聞き取れませんでした。
I couldn't catch ＿＿＿＿＿ he said.

(3) 私は１枚の写真を持っており，それは京都で撮ったものです。
I have a picture, ＿＿＿＿＿ I took in Kyoto.

2 次の英文を日本語にしなさい。

(1) I have two sisters, who are doctors.
(　　　　　　　　　　　　　　　　　　　　　　)

(2) I know where my grandparents first met.
(　　　　　　　　　　　　　　　　　　　　　　)

(3) The company is looking for a person who can speak Chinese well.
(　　　　　　　　　　　　　　　　　　　　　　)

3 次の日本文に合う英文になるように，(　) 内の語句を並べかえて全文を書きなさい。

(1) これはその小説家が書いた手紙です。
This is the letter (the novelist / wrote / which).
＿＿＿＿＿＿＿＿＿＿＿＿＿＿＿＿＿＿＿＿＿＿＿＿＿＿

(2) 私たちのチームは何が間違っていたかわかりませんでした。
Our team didn't (what / wrong / was / know).
＿＿＿＿＿＿＿＿＿＿＿＿＿＿＿＿＿＿＿＿＿＿＿＿＿＿

(3) あの方がこの祭りを世界に紹介した女性です。
That is the woman (introduced / this festival / to / the world / who).
＿＿＿＿＿＿＿＿＿＿＿＿＿＿＿＿＿＿＿＿＿＿＿＿＿＿

演習問題の答え **1**(1) who　(2) what ▶ what 以下が目的語になる。 (3) which
2(1) 私には姉[妹]が２人いて，２人とも医師だ。 (2) 私は祖父母が最初にどこで出会ったか知っている。
(3) その会社は中国語が上手に話せる人を探している。 **3**(1) This is the letter which the novelist wrote.
(2) Our team didn't know what was wrong.　(3) That is the woman who introduced this festival to the world.

C 現在完了や過去完了を使って表現する

1. 過去から続く現在のことについて述べる ― 現在完了〈have / has + 過去分詞〉

Meg **has had** a fever *since yesterday*.
for ..., since ... などを伴って「(…間 / …以来)(ずっと)〜している」という意味を表す。〈継続〉
メグは昨日から**熱があります**。

例文

I **have lived** in this town *for ten years*.
私は 10 年間この町に**住んでいる**。

2. 「過去のある時点のこと」を,「それより前のこと」と関連して示す ― 過去完了〈had + 過去分詞〉

過去のある時点
Bill **had** *just* **taken** a shower when I arrived.
「(過去のある時点までには)〜して(しまって)いた」〈完了・結果〉
私が着いたとき,ビルはちょうど**シャワーを浴びたところだった**。

過去のある時点
I **had** *never* **seen** the sea until last summer.
「(過去のある時点までに)〜したことがあった」〈経験〉
昨年の夏まで**海を見たことがなかった**。

When she arrived, I **had** *already* **finished** cleaning my room.
彼女が到着したときには,私はもう自分の部屋の**掃除を終えていた**。

I **had visited** Hawaii *three times* by that time.
私はそのときまでに 3 回**ハワイを訪れたことがあった**。

演習問題

1 次の（　）内の語を適する形にかえて，空所に書きなさい。ただし 1 語とは限りません。

(1) I had never ________ an *ukiyoe* before I went to the museum.　(see)

(2) My mother ________ in that town before she moved here.　(live)

(3) We ________ each other since we were ten.　(know)

2 次の英文を日本語にしなさい。

(1) The number of people in this town has decreased since 1998.
(　　　　　　　　　　　　　　　　　　　　　　　　)

(2) My family had been in the US before I entered the elementary school.
(　　　　　　　　　　　　　　　　　　　　　　　　)

(3) The weather had been bad before we started climbing the mountain.
(　　　　　　　　　　　　　　　　　　　　　　　　)

3 次の日本文に合う英文になるように，（　）内の語句を並べかえて全文を書きなさい。

(1) そのときまで，私はチョコレートを食べたことがありませんでした。
I (chocolates / had / eaten / never) until then.

____

(2) 違法駐車はこの町の人々をいらいらさせてきた問題です。
Illegal parking (been / has / an / problem / irritating) for people in this town.

____

(3) 私が駅に着いたときにはもう電車は出発していました。
When I arrived at the station, (had / the train / already / left).

____

演習問題の答え **1**(1) seen ▶〈経験〉を表す過去完了の文。 (2) had lived　(3) have known ▶〈継続〉を表す現在完了の文。 **2**(1) この町の人々の数は 1998 年以来減少している。 (2) 私が小学校に入る前，私の家族はアメリカにいた。 (3) 私たちが山に登り始める前はずっと天気が悪かった。 **3**(1) I had never eaten chocolates until then.　(2) Illegal parking has been an irritating problem for people in this town. (3) When I arrived at the station, the train had already left. ▶〈完了・結果〉を表す過去完了の文。

Key Phrase のまとめ

(ページ)

18	□ **upside down** 逆さまに ▶ upside は「上側」, down は「下に」という意味。upside down は直訳すると「上側を下に」という意味になる。 Please turn the picture *upside down*. (その絵を逆さまにしてください)
20	□ **at first sight** 一見したところでは, 一目で ▶ sight は「見ること, 視覚」という意味。 *At first sight*, he looks quiet. (一見したところでは, 彼は物静かに見える)
22	□ **together with** ～と共に The students started the project *together with* the company. (生徒たちはその企業と共にプロジェクトを始めた)

◆ その他の重要表現 ◆

18	□ **seem to be** ～のように見える ▶ look like ～は見た目から, seem to be ～は状況から判断して「～のように見える, ～のようだ」という意味を表す。
18	□ **in a bad mood** 機嫌が悪い ▶ mood は「機嫌, 気分」という意味。
22	□ **think of** ～を思いつく I *thought of* an interesting idea. (私は興味深い考えを思いついた)
22	□ **a way to** ～する方法 Please tell me *a way to* solve this problem. (この問題を解く方法を私に教えてください)
22	□ **from a distance** 遠くから ▶ distance は「距離, 隔たり」という意味。
22	□ **be hopeful that** ～を期待している ▶ hopeful は「期待している」という意味。 She *is hopeful that* her new business will succeed. (彼女は新しいビジネスが成功するだろうと期待している)

演習問題

1 次の日本文に合う英文になるように，空所に適する語を書きなさい。

(1) 一見したところでは，これは普通の本です。
_________ _________ sight, this is an ordinary book.

(2) 彼女の家族は彼女の作品が優勝することを期待しています。
Her family is _________ that her work will win the prize.

(3) その絵は逆さまにしても美しく見えます。
The picture looks beautiful even when you turn it _________ _________.

(4) 私は妹と共に新しい事業を始めました。
I started a new business _________ _________ my sister.

(5) ブラウン先生は今日，機嫌が悪いようです。
Mr. Brown seems to be _________ a _________ _________ today.

(6) 彼女は遠くから私に話しかけました。
She talked to me from _________ _________.

2 次の英文を日本語にしなさい。

(1) At first sight, he looks kind and calm.
( )

(2) Japan worked to solve the problem together with other nations.
( )

(3) He thought of a good idea at that time.
( )

(4) She seems to be a nurse.
( )

(5) I'll teach you a way to run faster.
( )

演習問題の答え **1**(1) At first (2) hopeful (3) upside down (4) together with (5) in, bad mood (6) a distance **2**(1) 一見したところでは，彼は優しく穏やかに見える。 (2) 日本は他の国々と共にその問題の解決に取り組んだ。 (3) 彼はそのとき，よい考えを思いついた。 (4) 彼女は看護師のようだ。 (5) 私はあなたにより速く走る方法を教えます。

定期テスト対策問題

語い・表現

1 次の各組で下線部の発音がほかと異なるものを選び，記号で答えなさい。

□(1) ア naked　イ printmaker　ウ saying　エ relativity　〔　　〕
□(2) ア illegal　イ experiment　ウ realistic　エ unreal　〔　　〕
□(3) ア upside　イ unnatural　ウ actually　エ suddenly　〔　　〕

2 次の日本文に合う英文になるように，空所に適する語を書きなさい。

□(1) 一見したところでは，問題なさそうです。
______ ______ ______, there seems to be no problem.
□(2) 実は，彼は私の兄です。
______, he is my brother.
□(3) 彼らは自分たちのチームが次の試合で勝つことを期待しています。
They ______ ______ that their team will win the next match.

文法

3 次の日本文に合う英文になるように，(　) 内の語句を並べかえて全文を書きなさい。

□(1) 私は彼女がどこに住んでいるのか知っています。
(know / I / she / where / lives).
____
□(2) 私の弟は昨日から熱があります。
(has / a fever / had / my brother / yesterday / since).
____
□(3) 私が学校に着いたとき，もう授業は始まっていました。
(I / at / the class / already / when / had / arrived / school / , / begun).
____

4 次の (　) 内の語を適する形にかえて，空所に書きなさい。ただし1語とは限りません。

□(1) We ______ each other since we were high school students.　(know)
□(2) The prices of salt ______ before that time.　(rise)
□(3) I lost the book that I ______ from her.　(borrow)

5 次の日本文を英語にしなさい。

□(1) 私は10歳からこの町に住んでいます。

____

□(2) 私は昨年の冬までその映画を見たことがありませんでした。

____

□(3) 私のおじには娘が2人いて，2人とも学生です。

____

読解

6 次の英文を読んで，あとの問いに答えなさい。

Illegal ①(parking / park) of bikes has been an ②(irritated / irritating) problem for the people in Osaka. ③Now an 8-year-old boy in Toyonaka City has thought of a way to solve this problem. He believes that people will not park their bikes on a flower bed.

The city office adopted the boy's idea. Then it began an experiment ④(　　　) (　　　) Osaka University and a company. It put an illusionist picture of a flower bed on a public sidewalk. From a distance, the picture just looks like an ordinary flat drawing of flowers. From nearby, however, the flowers suddenly seem to stand up in 3-D. City officials are ⑤(　　　) (　　　) the idea will work. ⑥After the first week, (saw / had / they / decreased / illegal parking / that).

(1) ①②の(　)内から適する語を選んで書きなさい。

□① ________　□② ________

□(2) 下線部③の英文を this problem が指すものを明らかにして日本語にしなさい。

(　　　　　　　　　　　　　　　　　　　　)

(3) 下線部④が「～と共に」，下線部⑤が「～を期待している」という意味になるように，(　)に適切な語を入れなさい。

□④ ________ ________　□⑤ ________ ________

□(4) 下線部⑥が「最初の1週間がたった後，彼らは違法駐輪が減っているのを見た」という意味になるように，(　)内の語句を並べかえて全文を書きなさい。

____

定期テスト対策問題の解答・解説

1 (1) **エ**　(2) **イ**　(3) **ウ**

解説 (1) relativity の a のみ [ə]，その他は [eɪ]。
(2) experiment の e のみ [e]，その他は [iː]。
(3) actually の u のみ [u]，その他は [ʌ]。

2 (1) At first sight　(2) Actually　(3) are hopeful

解説 (1)「一見したところでは」は **at first sight**。
(2)「実は」は **actually**。
(3)「期待している」は **hopeful**。**be hopeful that**「～を期待している」の形で使うことが多い。

3 (1) I know where she lives.
(2) My brother has had a fever since yesterday.
(3) When I arrived at school, the class had already begun.

解説 (1) 文の目的語として，**where** から始まる疑問文を組み込む。
(2) 過去から続く現在のことについて述べる場合，現在完了〈 **have / has+ 過去分詞** 〉で表す。
(3)「学校に着いた」時点より前に「授業が始まっていた」ので，過去完了〈 **had + 過去分詞** 〉で表す。

4 (1) have known　(2) had risen　(3) had borrowed

解説 (1) 過去から続く現在のことについて述べる場合，現在完了〈 **have / has+ 過去分詞** 〉で表す。
(2)「そのとき」より前に「塩の値段が上がった」ので，過去完了〈 **had+ 過去分詞** 〉で表す。
(3)「本をなくした」時点より前に「彼女から本を借りた」ので，過去完了〈 **had + 過去分詞** 〉で表す。

5 (1) I have lived in this town since I was ten.
(2) I had never seen the movie until last winter.
(3) My uncle has two daughters, who are students.

解説 (1) 過去から続く現在のことについて述べる場合，現在完了〈 **have / has+ 過去分詞** 〉で表す。
(2) 「昨年の冬」という過去のある時点より前に「見たことがなかった」ので，過去完了〈 **had + 過去分詞** 〉で表す。
(3) 先行詞の後にコンマをつけた〈 **~, who / which ...** 〉の形で，コンマより前の文に説明を付け加えることができる。一方，「私のおじには学生である娘が2人いる」の場合は，「学生である」が直前の名詞「娘」を修飾するように，**My uncle has two daughters who are students.** とコンマなしで表す。

6 (1) ① parking　② irritating
(2) そこで，豊中市の8歳の少年が，自転車の違法駐輪を解決する方法を思いついた。
(3) ④ together with　⑤ hopeful that
(4) After the first week, they saw that illegal parking had decreased.

解説 (1) ①「駐輪」は **parking of bikes**。
②「いらいらさせる」は **irritating**。
(2) this problem は1文前の **Illegal parking of bikes**「自転車の違法駐輪」を指す。
(3) ④「～と共に」は **together with**。
⑤「～を期待している」は **be hopeful that**。
(4) 「彼らが見た」という過去の時点より以前に「違法駐輪が減っていた」ので，decrease を過去完了〈 **had + 過去分詞** 〉で表し，**had decreased** にする。

LESSON
3 Do You Get Enough Sleep?

Preview

Introduction

睡眠がテーマ。日本の成人の約40％は睡眠不足であり，それは日中の集中力やパフォーマンスの低下を引き起こす。睡眠不足の蓄積による「睡眠負債」を抱えるのを防ぐためには，毎晩十分な睡眠をとらなければならない。よりよい睡眠をとるためのジョーンズ先生が紹介する秘けつや，アヤがインターネット上で見つけたスリープテック商品について知り，自分の睡眠を見直してみよう。

● Part 別に Summary を完成させよう

Part 1 睡眠不足は私たちにどのような影響をもたらしますか。

一晩に必要な睡眠時間が7～8時間とされる中，約40％の日本の（　(1)　）の一晩あたりの睡眠時間は6時間に満たないという。睡眠不足は，日中の（　(2)　）やパフォーマンスの低下を引き起こす。毎晩の睡眠時間が必要な時間よりもたった1時間少なくても，（　(3)　）はないだろうと思うかもしれないが，それを30日間続けると合計30時間の睡眠を失うことになる。こうした睡眠不足の蓄積による損失を「睡眠（　(4)　）」と呼ぶ。

Part 2 よりよい睡眠をとるための3つの秘けつは何ですか。

睡眠負債を抱えるのを（　(5)　）ためには，毎晩十分な睡眠をとらなければならない。そのためには，ベッドに入ったらすぐに（　(6)　）につくことが重要である。第一に，夜遅くに夕食やおやつを食べるべきではない。第二に，寝る前にスマートフォンなどの（　(7)　）機器を見て長時間過ごすべきではない。第三に，夜にはあまり運動しすぎるべきではない。

Part 3 スリープテック商品にはどのようなものがありますか。

スマートウォッチは，あなたが眠っている間に心拍数をチェックし，（　(8)　）し，分析する。その睡眠の詳細なレポートは，自分の睡眠（　(9)　）や睡眠が最も深い時間帯を知るのに役立つだろう。光目覚まし時計は，（　(10)　）で暖かな光であなたを目覚めさせる。（　(11)　）のテーブルに置いておけば，あなたは目覚めるときに美しい夏の朝を思い浮かべることができるだろう。加重ブランケットは，中に入っている微細なガラスのビーズの心地よい重さによる（　(12)　）圧力により，あなたに深い眠りを与える。最高の睡眠を得るためには，体重の約10%の重さのものが推奨される。

Grammar

A 現実とは違うことを，過去形を使って述べる — 仮定法過去

If everyone **slept** for at least seven hours, Japan's GDP **would increase** by 2.9%. 〈Part 1, *l*.9〉

もし全員が少なくとも7時間**眠れば**，日本のGDP**は**2.9%**増加するだろうということです。**

B 関係代名詞 what「〜するもの・こと」の使い方

It takes you three hours to digest **what** you have eaten. 〈Part 2, *l*.5〉

あなたが食べた**もの**を消化するのに3時間かかります。

C「時」や「場所」について説明する — 関係副詞 when / where の限定用法

1. どんな「時」か説明する — **関係副詞 when**

You will know your sleep pattern and *the times* **when** your sleep is deepest. 〈Part 3, *l*.6〉

あなたの睡眠パターンや，あなたの睡眠が最も深い**時間(帯)**がわかるでしょう。

2. どんな「場所」か説明する — **関係副詞 where**

Put it on *your bedside table* **where** you can see it. 〈Part 3, *l*.13〉

あなたがそれ[時計]を見ることができる，**ベッドのそばのテーブル**に置いてください。

● Summary 完成問題の答え ⟹ (1) 成人　(2) 集中力　(3) 問題　(4) 負債　(5) 防ぐ　(6) 眠り　(7) デジタル　(8) 記録　(9) パターン　(10) 強烈　(11) ベッドのそば　(12) 軽度の

Part 1 Mr. Jones talks to the class about the importance of having enough sleep.

教科書 pp.30 ～ 31

本文を読もう 意味のまとまりを意識しながら読もう。

① Do you get enough sleep? // ② Many studies have suggested (～と示してきた) / that people need approximately (NW およそ) seven or eight hours of sleep / a night (一晩に). // ③ However, / about 40% of Japanese adults (NW 成人) / sleep for less than (KP ～より少ない) six hours. // ④ In addition (さらに), / the average sleeping time for youngsters (NW 若者) / has decreased (減少してきている) in recent years (近年では). //

⑤ Lack (NW 不足) of sleep causes / decreased concentration (NW 集中(力)) and performance (NW パフォーマンス) / during the daytime (NW 日中). // ⑥ According to (～によれば) one estimate (NW 概算), / if (HU もし(今)S が～ならば, S' は…だろう[なのに]) everyone slept for at least (少なくとも) seven hours,/ Japan's GDP (国内総生産) would increase by 2.9%. // ⑦ This amounts to (～に達する) 15 trillion (NW 1兆) yen / in a year. //

⑧ You may think / it will not matter (NW 問題である) / if you sleep for just one hour less / than you need / each night. // ⑨ However, / if you continue to do (～し続ける) so for 30 days, / you will lose a total of (合計～) 30 hours of sleep. // ⑩ This loss (NW 損失) is called "sleep debt (NW 負債)." //

読解のポイント

▶ 日本人の睡眠不足はどのような状況か。

▶ 睡眠不足はどのような影響をもたらすか。

▶ 「睡眠負債」とは何か。

② Many studies have suggested that people need approximately seven or eight hours of sleep a night.

have suggested は「～と示してきた」という〈継続〉を表す現在完了。〈have / has＋過去分詞〉で「(今まで)ずっと～だ」という意味を表す。

・a night「一晩に」 a(n) は数量・期間の前に置いて,「～につき」という意味を表す。

④ In addition, the average sleeping time for youngsters has decreased in recent years.

has decreased は「減少してきている」という〈継続〉を表す現在完了。〈have / has＋過去分詞〉で「(今まで)ずっと～だ」という意味を表す。

・in recent years「近年では」

④の英文の訳を完成させなさい。

さらに，(　　　　　　　　　　　　　　　　　　　　　　　　　　　)。

⑥ According to one estimate, if everyone slept for at least seven hours, Japan's GDP would increase by 2.9%.

仮定法過去の文。〈If＋S＋過去形～, S'＋would[could / might] ....〉で「もし(今)S が～ならば，S' は…だろう[なのに]」という意味を表す。〈If＋S＋過去形～〉の部分には現在の事実と違うことや起こりそうにないことが来る。HU

・at least「少なくとも」 反対の意味は at most「せいぜい」。

日本文に合う英文になるように，____に適する語を書きなさい。

もしサムに時間があれば，たくさん旅行をするだろう。

If Sam ______________ time, he ______________ ______________ a lot.

⑦ This amounts to 15 trillion yen in a year.

This は⑥の Japan's GDP would increase by 2.9% を指す。

⑨ However, if you continue to do so for 30 days, you will lose a total of 30 hours of sleep.

if は「もし～なら」という〈条件〉を表す接続詞。後に〈S＋V〉の文が続く。so は「そのように，そう」という意味を表し，先行する語や句，節の代用として使われる。ここでは⑧の sleep for just one hour less than you need each night を指す。

・continue to *do*「～し続ける」

・a total of「合計～」

⑩ This loss is called "sleep debt."

〈call＋O＋C〉「O を C と呼ぶ」の受動態の文。debt [dét] の発音に注意。

確認問題の答え　④ 近年では，若者の平均睡眠時間が減少してきています　⑥ had, would travel

Part 2 Mr. Jones introduces three tips for having better sleep.

教科書 pp.32～33

本文を読もう　意味のまとまりを意識しながら読もう。

①You have to get enough sleep every night / to avoid having sleep debt. //②To this end, / it is important to fall asleep quickly / when you go to bed. //

（解説 / NW avoid ～を防ぐ / KP To this end この目的のために / NW asleep 眠っている / KP fall asleep 眠りにつく / go to bed ベッドに入る）

③First, / you should not have dinner or a snack / late at night. //④It takes you three hours / to digest what you have eaten. //⑤If you go to bed with a full stomach, / your body will still be working / to digest food. //⑥As a result, / you may have trouble falling asleep. //

（解説 / It takes you three hours to digest 消化するのに3時間かかる / NW digest ～を消化する / HU what ～するもの［こと］ / what you have eaten あなたが食べたもの / NW stomach 腹 / KP with a full stomach 満腹）

⑦Second, / you should not spend a long time / on your smartphone or other digital device / before going to bed. //⑧These devices emit blue light, / which reduces your production of melatonin. //⑨This hormone makes you feel sleepy. //

（NW digital デジタルの / NW device 機器 / 解説 / NW emit ～を発する / 解説 / NW production 生成 / melatonin メラトニン / hormone ホルモン）

⑩Third, / you should not do too much physical activity / at night. //⑪Running, / for example, / will stimulate your body. //⑫It will be more difficult for you / to fall asleep. //

（NW stimulate ～を刺激する）

読解のポイント

▶ 睡眠負債を抱えるのを防ぐためには何が必要か。

▶ 寝つきをよくする方法にはどのようなものがあるか。

② To this end, it is important to fall asleep quickly when you go to bed.

it は形式主語で，to fall asleep quickly が真の主語。to fall asleep「眠りにつくこと」は名詞的用法の不定詞で，文の主語になっている。〈It is 〜 to *do* ....〉で「…することは〜だ」という意味を表す。

・to this end「この目的のために」 end は名詞で「目的，目標」という意味を表す。

・go to bed「ベッドに入る」

④ It takes you three hours to digest what you have eaten.

what は先行詞を含む関係代名詞で「〜するもの[こと]」という意味を表す。ここでは what you have eaten「あなたが食べたもの」が digest の目的語になっている。have eaten は〈完了・結果〉を表す現在完了。HU

〈It takes ＋人＋時間＋ to *do*〉は「(人)が〜するのに(時間)がかかる」という意味を表す。

日本文に合う英文になるように，(　)内の語を並べかえなさい。

あなたが昨日デパートで買ったものを見せてください。

Please (yesterday / what / me / bought / show / you).

⑤ If you go to bed with a full stomach, your body will still be working to digest food.

If は「もし〜なら」という〈条件〉を表す接続詞。後に続く〈S＋V〉の文では，〈will be 〜 ing〉の未来進行形が使われており，「〜しているだろう」という意味を表す。

⑧ These devices emit blue light, which reduces your production of melatonin.

関係代名詞の前にコンマがある形を関係代名詞の継続用法という。ここでは，先行詞 blue light について，関係代名詞節 which reduces your production of melatonin で補足的に説明している。

⑨ This hormone makes you feel sleepy.

make「〜させる」は使役動詞。〈make＋O＋原形不定詞〉で「O に(無理やり)〜させる」という意味を表す。O が原形不定詞の意味上の主語になることに注意する。

⑨の英文の訳を完成させなさい。

このホルモンは，(　　　　　　　　　　　　　　　　　　　)。

④ show me what you bought yesterday　⑨ あなたに眠気を感じさせます

LESSON 3

Part 3 Aya finds three sleep-tech items on the Internet.

教科書 pp.34～35

本文を読もう 意味のまとまりを意識しながら読もう。

① [Best seller!] ② **Smartwatch** ③ Price: $179.99

179 ドル 99 セント

⊳解説 NW ～を記録する NW 速度，割合

④ This watch monitors, records, and analyzes your heart rate / while you are

NW ～をチェックする 心拍数 ～する間

⊳解説

sleeping. // ⑤ It then gives you a detailed report of your sleep. // ⑥ You will know

NW 詳細な

HU ～する時

your sleep pattern / and the times when your sleep is deepest. //

NW パターン その時間 あなたの眠りが最も深い

⑦ [New and improved!] ⑧ **Light alarm clock** ⑨ Price: $204.99

NW 目覚まし時計

⊳解説

⑩ This clock wakes you up / not with the usual alarm sound / but with an intense

～ではなく… 音 NW 強烈な

⊳解説 NW ベッドのそば HU ～する場所

warm light. // ⑪ Put it on your bedside table / where you can see it. // ⑫ You will

ベッドのそばのテーブル あなたがそれを見ることができる

imagine a beautiful summer morning / when you wake up. //

⑬ [Buy yours today!] ⑭ **Weighted blanket** ⑮ Price: $89.99

加重ブランケット

⑯ You can enjoy a good sleep / under gentle pressure. // ⑰ This blanket has micro

NW 軽度の NW 微細な

⊳解説

glass beads in it. // ⑱ Its comfortable weight / gives you a really sound sleep. // ⑲ You

ビーズ NW 心地よい NW 重さ 深い

⊳解説

can choose / from weights of 5 kg, 6 kg, and 7 kg. // ⑳ We recommend about 10% of

～から選ぶ NW ～を勧める

your body weight / to get the best sleep. //

～を得るために

読解のポイント

▶ スマートウォッチはどのような商品か。

▶ 光目覚まし時計はどのような商品か。

▶ 加重ブランケットはどのような商品か。

④ This watch monitors, records, and analyzes your heart rate while you are sleeping.
〈while + S + V〉で「～する間」という意味を表す。動作動詞の場合は，進行形をとることが多い。

・heart rate「心拍数」

⑥ You will know your sleep pattern and *the times* when your sleep is deepest.
when your sleep is deepest は〈時〉を表す先行詞 the times を修飾する関係副詞節。先行詞が〈時〉を表す場合，関係副詞は when を使う。HU

deepest は自分自身の睡眠時間の中での比較なので，deepest の前に the をつけないことに注意する。

・pattern「パターン」 アクセントの位置 [pǽtərn] に注意。

日本文に合う英文になるように，（ ）内の語句を並べかえなさい。
私はあなたと会ったときを忘れません。
I will not (when / forget / you / met / I / the time).

⑩ This clock wakes you up not with the usual alarm sound but with an intense warm light.

・not ～ but ...「～ではなく…」

・sound「音」 ここでは名詞。

⑩の英文の訳を完成させなさい。
この時計は，（　　　　　　　　　　　　　　）あなたを目覚めさせます。

⑪ Put it on *your bedside table* where you can see it.
where you can see it は〈場所〉を表す先行詞 your bedside table を修飾する関係副詞節。先行詞が〈場所〉を表す場合，関係副詞は where を使う。HU

it は⑩の This clock を指す。

確認問題

日本文に合う英文になるように，（ ）内の語句を並べかえなさい。
これは私が2年前に行った美術館です。
(the museum / went / is / I / where / this) two years ago.

⑱ Its comfortable weight gives you a really sound sleep.
〈SVO_1O_2〉の文。Its comfortable weight が主語(S)，gives が動詞(V)，you が目的語$_1$(O_1)，a really sound sleep が目的語$_2$(O_2)。「O_1(人)に，O_2(物など)を～する」という意味を表す。

・sound「深い」 ここでは形容詞。通常，限定用法で使う。

⑳ We recommend about 10% of your body weight to get the best sleep.
to get は〈to + 動詞の原形〉の形で，副詞的用法の不定詞。「～を得るために」という意味で，文の動詞 recommend の〈目的〉を表す。

確認問題の答え
⑥ forget the time when I met you ⑩ 通常のアラーム音ではなく，強烈で暖かな光で
⑪ This is the museum where I went

文法のまとめ

A 現実とは違うことを，過去形を使って述べる ― 仮定法過去

〈S' + would + 動詞の原形....〉

If I **had** more money, I **would travel** around the world.

〈if ＋ S + 過去形〜〉

もっとお金**があれば**，世界一周**旅行をするだろう**。

〈S' + might + 動詞の原形....〉

She **might feel** lonely **if** you **were** not here.

〈if ＋ S + 過去形〜〉

君がここに**いなければ**，彼女は寂しく**思うかもしれない**。

＊ if 節が後にくる場合もある。

※仮定法過去の if 節では，be 動詞の過去形は原則として主語に関係なく were。

※仮定法過去は，現在の事実と異なることを仮定する。過去形の動詞が現在を意味することに注意。

If the weather **were** nice, we **would go** hiking.

天気が**よければ**，私たちはハイキング**に行くだろう**。

I **could visit** him **if** I **knew** his address.

彼の住所**を知っていたら**，私は彼**を訪問することができるのだが**。

演習問題

1 次の日本文に合う英文になるように，(　) 内の語を適する形にかえて，空所に書きなさい。ただし 1 語とは限りません。

(1) あなたは夜にもっとたくさん眠れば，授業に集中できるのですが。
You could concentrate in class if you ＿＿＿＿＿ more at night.　(sleep)

(2) 私があなただったら，留学するでしょう。
If I ＿＿＿＿＿ you, I would study abroad.　(be)

(3) 彼はもっと一生懸命勉強すれば，その試験に受かるのですが。
If he studied harder, he ＿＿＿＿＿ the exam.　(pass)

2 次の英文を日本語にしなさい。

(1) I would not get wet if I had an umbrella.
(　　　　　　　　　　　　　　　　　　　　　　　　　　　　)

(2) If I lived near the library, I could go there every day.
(　　　　　　　　　　　　　　　　　　　　　　　　　　　　)

3 次の日本文に合う英文になるように，(　) 内の語句を並べかえて全文を書きなさい。

(1) 私が子どもだったら，そこで踊るでしょう。
(a child / I / would / were / I / dance / if / ,) there.

＿＿＿＿＿＿＿＿＿＿＿＿＿＿＿＿＿＿＿＿＿＿＿＿＿＿＿＿＿＿

(2) もっと時間があれば，アルバイトをするのですが。
(I / time / more / would / I / have / had / if / ,) a part-time job.

＿＿＿＿＿＿＿＿＿＿＿＿＿＿＿＿＿＿＿＿＿＿＿＿＿＿＿＿＿＿

(3) 6 時に起きれば，彼は電車に乗ることができるのですが。
(at / up / six / got / he / catch / the train / if / could / he).

＿＿＿＿＿＿＿＿＿＿＿＿＿＿＿＿＿＿＿＿＿＿＿＿＿＿＿＿＿＿

演習問題の答え　**1**(1) slept　(2) were ▶ 仮定法過去の if 節では，be 動詞の過去形は原則として主語に関係なく were。(3) would pass　**2**(1) 傘を持っていれば，濡れないのだが。(2) 図書館の近くに住んでいれば，毎日そこに行くことができるのだが。　**3**(1) If I were a child, I would dance there.　(2) If I had more time, I would have a part-time job.　(3) He could catch the train if he got up at six.

B 関係代名詞 what「～するもの・こと」の使い方

関係代名詞 what「～するもの[こと]」
What [= *The thing that*] is necessary is your help.
S
必要な**の**はあなたの援助です。

関係代名詞 what「～するもの[こと]」
This book is just **what** I wanted.
C
この本はまさに私が欲しかった**もの**です。

例文

What we expected was a pay increase.
私たちが期待した**もの**は賃金の引き上げだった。

I couldn't catch **what** the teacher said.
私は先生の言った**こと**が聞き取れなかった。

C 「時」や「場所」について説明する — 関係副詞 when / where の限定用法

1. どんな「時」か説明する — 関係副詞 when

〈時〉を表す先行詞　関係副詞
That was *the year* **when** I was born.
S' V'
それは私が生まれた**年**でした。

例文

I don't know *the day* **when** he will come.
私は彼が来る**日**を知らない。

2. どんな「場所」か説明する — 関係副詞 where

〈場所〉を表す先行詞　関係副詞
That is *the house* **where** she lived two years ago.
S' V'
あれは彼女が2年前に住んでいた**家**だ。

例文

This is *the room* **where** she studies.
これは彼女が勉強する**部屋**だ。

演習問題

1 次の（ ）内から適する語を選んで書きなさい。

(1) My brother told me the time (where / who / when) the bus arrives. ________

(2) This is the town (what / where / when) he grew up. ________

(3) (Where / Who / What) he said surprised everyone. ________

2 次の英文を日本語にしなさい。

(1) Summer is the season when my family goes to Okinawa.
( )

(2) This is the house where the novelist was born.
( )

(3) I know what you mean.
( )

3 次の日本文に合う英文になるように，( )内の語句を並べかえて全文を書きなさい。

(1) ただ本当に必要な物だけを買いなさい。
Just buy (need / what / really / you).
____

(2) 土曜日は私が外食をする日です。
Saturday (when / the day / I / is) eat out.
____

(3) 私たちが今いる場所を，私に地図上で示してください。
Please (me / are / we / where / the place / show) now on the map.
____

演習問題の答え **1**(1) when (2) where (3) What ▶ what は the thing that と同じ意味。 **2**(1) 夏は私の家族が沖縄に行く季節だ。 (2) これはその小説家が生まれた家だ。 (3) あなたの言いたいことは私にはわかる。 **3**(1) Just buy what you really need. (2) Saturday is the day when I eat out. (3) Please show me the place where we are now on the map.

Key Phrase のまとめ

(ページ)

30	□ **less than** 〜より少ない ▶ less than は「〜より少ない，〜未満」という意味。多くの場合，〜には数や量に関する語句が入る。 About 40% of Japanese adults sleep for *less than* six hours. (日本の成人の約40%は，睡眠時間が6時間より少ない)
32	□ **to this end** この目的のために ▶文頭，文末に置く。 We planned well in advance *to this end*. (この目的のために，私たちはあらかじめ十分に計画を立てた)
32	□ **fall asleep** 眠りにつく ▶ asleepは「眠って(いる状態の)，就寝中の」という意味。 The baby *fell asleep* when her mother sang a song. (赤ちゃんは母親が歌を歌うと眠りについた)
32	□ **a full stomach** 満腹 ▶ stomach は「胃，腹」，with a full stomach は「満腹の状態で」という意味。 He couldn't eat anything with *a full stomach*. (彼は満腹で何も食べられなかった)

◆ その他の重要表現 ◆

30	□ **in addition** さらに，加えて ▶ in addition to の後には名詞，代名詞，動名詞が続くが，in addition の後には文が続く。 It rained heavily. *In addition*, I didn't have an umbrella. (激しく雨が降った。さらに，私は傘を持っていなかった)
30	□ **according to** 〜によると ▶「(状況や場合)に応じて」や「(規則や慣習)に従って」という意味で使われることもある。 *According to* the weather forecast, a storm is approaching to this town. (天気予報によると，この町に嵐が近づいてきている)

演習問題

1 次の日本文に合う英文になるように，空所に適する語を書きなさい。

(1) 満腹の状態で風呂に入るべきではありません。
You should not take a bath with ________ ________ ________.

(2) この目的のために，私は体を鍛えました。
I trained my body to ________ ________.

(3) さらに，彼女は頭がよいです。
________ ________, she is smart.

(4) うわさによると，彼はダンスが得意らしいです。
________ ________ rumor, he is good at dancing.

(5) 昨日彼はベッドに入ったらすぐに眠りにつきました。
Yesterday, he ________ ________ quickly when he went to bed.

(6) 10%より少ない生徒が卒業後就職します。
________ ________ ten percent of the students get a job after graduation.

2 次の英文を日本語にしなさい。

(1) To this end, I studied hard every day.
(　　　　　　　　　　　　　　　　　　　　)

(2) You will fall asleep when you read this book.
(　　　　　　　　　　　　　　　　　　　　)

(3) I couldn't move with a full stomach.
(　　　　　　　　　　　　　　　　　　　　)

(4) Less than 20% of the products are exported to China.
(　　　　　　　　　　　　　　　　　　　　)

演習問題の答え **1**(1) a full stomach (2) this end (3) In addition (4) According to (5) fell asleep (6) Less than **2**(1) この目的のために，私は毎日一生懸命勉強した。 (2) あなたはこの本を読んだら眠りにつくだろう。 (3) 私は満腹で動くことができなかった。 (4) 20%より少ない商品が中国へ輸出されている。

定期テスト対策問題

語い・表現

1 次の語で最も強く発音する部分を記号で答えなさい。

□(1) con-cen-tra-tion 〔　　〕
　　ア イ ウ エ

□(2) es-ti-mate 〔　　〕
　　ア イ ウ

□(3) in-tense 〔　　〕
　　ア イ

□(4) com-fort-a-ble 〔　　〕
　　ア イ ウ エ

2 次の日本文に合う英文になるように，空所に適する語を書きなさい。

□(1) 私はとても疲れていたので，ベッドに入ったらすぐに眠りにつきました。
I was so tired that I ______ ______ quickly when I went to bed.

□(2) ここから駅まで行くのにかかる時間は 20 分より少ないです。
It takes ______ ______ 20 minutes to go to the station from here.

□(3) 満腹の状態で走るべきではありません。
You should not run with ______ ______ ______.

文法

3 次の各組がほぼ同じ内容になるように，空所に適する語を書きなさい。

□(1) I can't call him because I don't know his phone number.
If I ______ his phone number, I ______ ______ him.

□(2) She is busy, so she won't come to the party.
She ______ ______ to the party if she ______ ______ busy.

4 次の（　）内から適する語を選んで書きなさい。

□(1) Wednesday is the day (where / who / when) I have a piano lesson. ______

□(2) (When / What / That) you have to do is to clean your room. ______

□(3) This is the restaurant (what / when / where) I had dinner with him. ______

□(4) I don't know the time (what / where / when) the shop will open. ______

5 次の日本文を英語にしなさい。

□(1) あれは私の家族が2年前に住んでいた家です。

____

□(2) 必要なのはあなたの助言です。

____

□(3) もっとお金があれば，私はそのかばんを買うでしょう。

____

6 次の（ ）内の語を適する形にかえて，空所に書きなさい。

□(1) If I ________ you, I would go to the party. (be)

□(2) I couldn't understand what you ________. (say)

読 解

7 次の英文を読んで，あとの問いに答えなさい。

①Lack of sleep causes decreased concentration and performance during the daytime. ②(　　) (　　) one estimate, if everyone ③(sleep) for at least seven hours, Japan's GDP would increase by 2.9%. This amounts to 15 trillion yen in a year.

You may think it will not matter if you sleep for just one hour ④(　　) (　　) you need each night. However, if you continue to do so for 30 days, you will lose a total of 30 hours of sleep. This loss is called "sleep debt."

□(1) 下線部①の英文を日本語にしなさい。

(　　　　　　　　　　　　　　　　)

(2) 下線部②が「〜によると」，下線部④が「〜より少ない」という意味になるように，（ ）に適切な語を入れなさい。

□② ________ ________　　□④ ________ ________

□(3) ③の（ ）内の語を適する形にかえて書きなさい。 ________

(4) 次の日本文が本文の内容に合っていれば○を，合っていなければ×を書きなさい。

□(a) 睡眠不足が蓄積すると，「睡眠負債」を抱えることになる。〔　　〕

□(b) すべての日本人が少なくとも7時間眠れば，日本のGDPは2.9%減少するだろう。〔　　〕

定期テスト対策問題の解答・解説

1 (1) ウ　(2) ア　(3) イ　(4) ア

解説 (1) -tion で終わる単語は，その直前の音節にアクセントがある。

2 (1) fell asleep　(2) less than　(3) a full stomach

解説 (1) 「眠りにつく」は **fall asleep**。
(2) 「〜より少ない」は **less than**。
(3) 「満腹」は **a full stomach**。

3 (1) knew, could call　(2) would come, were not

解説 (1) 「私は彼の電話番号を知らないので，彼に電話することができない」という文を仮定法過去〈**If + S + 過去形〜, S' + would[could / might] ....**〉で表し，「私が彼の電話番号を知っていたら，彼に電話できるのに」という文にする。know は **knew**，can は **could** とそれぞれ過去形にする。
(2) 「彼女は忙しいので，パーティーに来ないだろう」という文を仮定法過去〈**If + S + 過去形〜, S' + would[could / might] ....**〉で表し，「彼女が忙しくなかったら，パーティーに来るだろう」という文にする。if 節が後ろにあることに注意。will は **would**，is は **were** とそれぞれ過去形にする。

4 (1) when　(2) What　(3) where　(4) when

解説 (1) 「水曜はピアノのレッスンがある曜日だ」 **the day**「曜日」という〈時〉を表す語句の後に関係副詞 **when** が導く節を続ける。
(2) 「あなたがしなければならないことは自分の部屋を掃除することだ」 関係代名詞 **what** は **the thing that** 〜と同様，「〜するもの[こと]」という意味を表す。
(3) 「これは，私が彼と夕食をとったレストランだ」 **the restaurant**「レストラン」という〈場所〉を表す語句の後に関係副詞 **where** が導く節を続ける。
(4) 「私はその店がオープンする時間を知らない」 **the time**「時間」という〈時〉を表す語句の後に関係副詞 **when** が導く節を続ける。

5 (1) That is the house where my family lived two years ago.
(2) What is necessary is your advice.
(3) If I had more money, I would buy the bag.

解説 (1)「私の家族が2年前に住んでいた家」は関係副詞 **where** を使って表す。
(2)「必要なの[もの]」は関係代名詞 **what** を使って表す。
(3) 仮定法過去〈**If + S + 過去形〜, S' + would[could / might] ....**〉で表す。

6 (1) were (2) said

解説 (1)「もし私があなたならば，そのパーティーに行くだろう」 仮定法過去の if 節では，be 動詞の過去形は原則として主語に関係なく **were**。
(2)「私はあなたが言ったことが理解できなかった」「あなたが言ったこと」は関係代名詞 **what** を使って表す。

7 (1) 睡眠不足は，日中の集中力やパフォーマンスの低下を引き起こします。
(2) ② According to ④ less than
(3) slept
(4) (a) ○ (b) ×

解説 (1) **lack** は「不足」。decreased が **concentration**「集中力」と **performance**「パフォーマンス」を修飾している。
(2) ②「〜によると」は **according to**。
④「〜より少ない」は **less than**。
(3) 文の後半に Japan's GDP **would** increase... とあり，文全体で仮定法過去の形にする必要があるので，sleep を過去形 **slept** にする。
(4) (a) 第2段落第2文，第3文参照。「しかしながら，30日間そうし続けると，合計30時間の睡眠を失うことになるでしょう。この損失は『睡眠負債』と呼ばれます」とあるため，合っている。
(b) 第1段落第2文参照。「ある概算によれば，もし全員が少なくとも7時間眠れば，日本のGDPは2.9%増加するだろうということです」とあるため，合っていない。

LESSON 4

Do You Want to Speak English like a Native Speaker?

Preview

Introduction

私たちは英語を学ぶとき，しばしばアメリカ英語かイギリス英語を手本として選ぶ。しかし，たとえば東南アジアの国々では，英米の母語話者のような英語ではない自国版の英語が話されている。非母語話者間で頻繁に英語が使われるようになった今，国際共通語としての英語 ELF についての理解を深めよう。

● Part 別に Summary を完成させよう

Part 1 エミは英語の学習についてどのように考えていますか。

エミはアメリカのポップスを聴いて，アメリカ人の（　(1)　）を身につけるのに役立てている。世界にはたくさんの種類の（　(2)　）があるが，学習者は，しばしば，（　(3)　）英語かイギリス英語を手本に選ぶ。いったん手本を選んだら，その手本をまねるために最善を尽くすべきである。

Part 2 タイ人留学生キエットは英語を話すことについてどのように考えていますか。

東南アジアのブルネイ，フィリピン，シンガポール，マレーシアの4か国では，英語が（　(4)　）であるか，または広く話されており，人々は自国版の英語を話す。キエットの国，タイでは，英語は広く話されてはいないが，（　(5)　）の英語を話すことができる。時には地域の（　(1)　）のために，他の人々の言うことがわからないこともあるが，コミュニケーションに大きな問題を抱えることはない。

Part 3 国際共通語としての英語 (ELF) とは何ですか。

ある概算によると，英語母語話者は，世界の英語話者のたった（　(6)　）分の1を占めるにすぎない。今では，母語話者間よりも，非母語話者間のほうが，よく英語が使われている。たとえば，日本，中国，韓国の実業家が会議をするときには，英語でビジネスについて話し合う。このような状況で話される英語は，（　(7)　）としての英語，または ELF と呼ばれる。ELF を使うときは，（　(8)　）と簡潔に話すべきであり，（　(9)　）にも注意を集中させるべきである。

Grammar

A 前の文や語群について補足的に説明する — **関係代名詞の継続用法②(〜, which ...)**

She said I speak like a native speaker, **which** made me very happy. 〈Part 1, *l*.3〉

彼女は私が母語話者［ネイティブスピーカー］のように話すと言ってくれて，**そのことは**，私をとても幸せな気持ちにしました。

B 関係副詞 why の使い方

However, I still don't know *the reason* **why** all English learners need to speak like American or British people. 〈Part 2, *l*.2〉

しかしながら，すべての英語学習者がアメリカ人やイギリス人のように話す必要がある**理由**が，僕にはまだわかりません。

C 目的語として働く that 節 — **SVO_1O_2(O_2=that 節)**

This example shows us **that** consonants are more important than vowels. 〈Part 3, *l*.16〉

この例は，子音が母音よりも重要である**こと**を私たちに示しています。

● Summary 完成問題の答え ⟹ (1) アクセント (2) 英語 (3) アメリカ (4) 公用語 (5) タイ版［タイバージョン］ (6) 4 (7) 国際共通語 (8) はっきり (9) 子音

Part 1 Emi talks to Kiet, a student from Thailand, about how she is learning English.

教科書 pp.40〜41

本文を読もう　意味のまとまりを意識しながら読もう。

① I often listen to American pop (=popular) songs / on the Internet. // ② This helps me / acquire a natural American accent. // ③ One of my friends recently praised my English. // ④ She said / I speak like a native speaker, / which made me very happy. // ⑤ However, / I still have trouble / with certain words and phrases. //

⑥ Why do I want to speak like an American? // ⑦ You may think / it's nonsense, / but I don't think so. // ⑧ When we study something, / we need a model. // ⑨ Learners often choose American English or British English / as their model, / although there are many varieties of English / in the world. // ⑩ In today's Japan, / it's common to choose American English / as our model. // ⑪ Once learners have chosen their model, / they should do their best / to copy that model. //

注:
- ②解説 helps me acquire：〜を身につけるのに役立つ
- acquire NW：〜を身につける
- accent NW：アクセント
- One of：〜の1人
- praised NW：〜をほめる
- ④解説
- native NW：母語の　speaker NW：話者
- which HU：そのことは → そのことは，私をとても幸せな気持ちにした
- phrases NW：句
- nonsense NW：ばかげたこと
- ⑨解説 Learners NW：学習者
- although NW：〜であるけれども
- varieties NW：種類
- common NW：ごくふつうの
- ⑪解説 Once：いったん〜したら
- do their best：最善を尽くす
- to copy：〜をまねるために

読解のポイント

- ▶ エミはどのように英語を勉強しているか。
- ▶ エミは英語の学習についてどのように考えているか。

② This helps me acquire a natural American accent.

〈help + O + 原形不定詞〉は「O が～するのに役立つ」という意味を表す。なお，help では，O の後に〈to + 動詞の原形〉の形を置いてもよい。This は①を指す。

日本文に合う英文になるように，(　) 内の語を並べかえなさい。

この本はあなたが英語を学ぶのに役立ちます。

This (you / English / book / learn / helps).

④ She said I speak like a native speaker, which made me very happy.

関係代名詞の前にコンマがある形を関係代名詞の継続用法という。ここでは，前の She said I speak like a native speaker を先行詞として，補足的に説明している。また，関係代名詞節は〈make + O + C〉「O を C にする」の形になっており，O=C (me=very happy) という関係が成り立つ。HU

She は③の One of my friends を指す。〈say + that 節〉で「～と言う」という意味を表す。ここでは that は省略されている。

④の英文の訳を完成させなさい。

私は母語話者のように話すと彼女は言ってくれて，(　　　　　　　)。

⑨ Learners often choose American English or British English as their model, although there are many varieties of English in the world.

接続詞 although は「～であるけれども」という意味を表し，文と文をつなぐ働きをする。〈although + S + V〉の形で文頭や文中に置くことができる。なお，although が導く従属節内では there is[are] ～「～がある[いる]」の形が使われている。

・learner「学習者」 接尾辞 -er は「～する人」を表す。

⑪ Once learners have chosen their model, they should do their best to copy that model.

once は「いったん～したら」という意味を表す接続詞。しばしば完了形と共に使われる。to copy は〈to + 動詞の原形〉の形で，副詞的用法の不定詞。「～をまねるために」という意味で，do their best の〈目的〉を表す。

・do *one's* best「最善を尽くす」

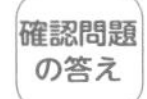

② book helps you learn English　④ そのことは，私をとても幸せな気持ちにしました

Part 2 Kiet talks to Emi about communicating in English.

教科書 pp.42～43

本文を読もう　意味のまとまりを意識しながら読もう。

解説

① Emi, / it's great / that you are learning English / with a clear goal. // ② However, /

HU ～する理由

I still don't know the reason / why all English learners need to speak / like American

理由　すべての英語学習者が～する必要がある

or British people. //

解説

③ In the four Southeast Asian countries / of Brunei, the Philippines, Singapore,

NW 南東の　ブルネイ　フィリピン　シンガポール

NW 広く

and Malaysia, / English is an official language / or is widely spoken. // ④ In each

マレーシア　NW 公式の　話されている

解説　タイ

country, / people speak their own version of English. // ⑤ In my country, Thailand, /

NW 版　＝

English is not widely spoken, / but we can speak a Thai version. // ⑥ All people

タイの

can communicate / in their own version of English. //

解説　～すること

⑦ Of course, / I sometimes don't understand / what other people say / due to their

KP もちろん　～のために

解説　～に…するように頼む

local accent. // ⑧ In that case, / I can just ask them to say it again. // ⑨ We don't

その場合は

have a big problem with communication. //

～に問題を抱える

読解のポイント

- エミの英語学習法についてキエットはどのように考えているか。
- 東南アジアの人々はどのような英語を話しているか。
- キエットは自国版の英語についてどのように考えているか。

② However, I still don't know the reason why all English learners need to speak like American or British people.

why all English learners need to speak like American or British people は「理由」を表す先行詞 the reason を修飾する関係副詞節。the reason why で「～する理由」という意味を表す。why の先行詞になるのは (the) reason のみ。HU

日本文に合う英文になるように，（　）内の語句を並べかえなさい。
私は彼が仕事を辞めた理由を知りません。
I (the reason / know / his job / he / don't / quit / why).

③ In the four Southeast Asian countries of Brunei, the Philippines, Singapore, and Malaysia, English is an official language or is widely spoken.

〈be 動詞＋過去分詞〉の形の受動態が使われている。spoken は speak「～を話す」の過去分詞形。副詞 widely「広く」が be 動詞の直後に置かれている。

⑤ In my country, Thailand, English is not widely spoken, but we can speak a Thai version.

〈be 動詞＋ not ＋過去分詞〉で受動態の否定形を表す。my country と Thailand はイコールの関係。we は「タイの人々」を指す。

・Thai「タイの」 ここでは形容詞。

⑦ Of course, I sometimes don't understand what other people say due to their local accent.

what は先行詞を含む関係代名詞で「～するもの[こと]」という意味を表す。ここでは what other people say「他の人々の言うこと」が understand の目的語になっている。

日本文に合う英文になるように，____に適する語を書きなさい。
これは昨日ケイトが買ったものです。
This is ______________ Kate ______________ yesterday.

⑧ In that case, I can just ask them to say it again.

them は⑦の other people，it は⑦の what other people say を指す。

・in that case「その場合は」
・ask ～ to ...「～に…するように頼む」

② don't know the reason why he quit his job　⑦ what, bought[got]

LESSON 4

Part 3 Emi and Kiet read an Internet article introducing the concept of ELF.

教科書 pp.44〜45

本文を読もう　意味のまとまりを意識しながら読もう。

① **English as a Lingua Franca (ELF)**

② According to one estimate, / native English speakers make up / only a quarter of the world's English speakers. // ③ English is now used more often / between non-native speakers / than between native speakers. // ④ For example, / when business people from Japan, China, and Korea / have a meeting, / they discuss their business in English. //

According to 〜によると　make up KP 〜を占める　quarter NW 4分の1　is used 使われている　more ... than 〜よりも…だ ❷解説　non-native speakers 非母語話者　For example たとえば ❷解説　discuss NW 〜を話し合う

⑤ The English spoken in this situation / is called English as a lingua franca / or ELF. //

❷解説　spoken 話される　is called 呼ばれる　lingua franca 国際共通語

⑥ In using ELF, / you should speak clearly and simply. // ⑦ You should also focus on consonants. // ⑧ For example, / most native speakers pronounce *today* as / tədéɪ /, / while some usually say / tədáɪ /. // ⑨ This is not a problem / because we can understand both. // ⑩ However, / if you say / dədéɪ / or / tətéɪ /, / no one will understand what you say. // ⑪ This example shows us / that consonants are more important than vowels. //

In 〜ときは　clearly NW はっきりと　consonants NW 子音　focus on 〜に注意を集中させる　pronounce NW 〜を発音する　while 一方で　This ❷解説　both 両方とも　However ❷解説　no one だれも〜ない　what こと　❷解説 HU SはO₁にO₂をVする（This example (S) shows (V) us (O₁) that consonants are more important than vowels (O₂)）　vowels NW 母音

読解のポイント

▶ 国際共通語としての英語 (ELF) とは何か。

▶ ELF を使う際の注意点は何か。

③ English is now used more often between non-native speakers than between native speakers.

〈be 動詞＋過去分詞〉の形の受動態が使われている。副詞 now「今では」が be 動詞の直後に置かれている。more often は副詞 often の比較級。

④ For example, when business people from Japan, China, and Korea have a meeting, they discuss their business in English.

when は「～とき」という〈時〉を表す接続詞。後に〈S + V〉の文が続く。they は従属節の business people from Japan, China, and Korea を指す。

・for example「たとえば」 後に例が示される。

⑤ The English spoken in this situation is called English as a lingua franca or ELF.

spoken は speak「～を話す」の過去分詞形。in this situation を伴って The English を修飾している。is called は〈call＋O＋C〉「O を C と呼ぶ」の受動態の形。

・lingua franca「国際共通語」 イタリア語に由来する。

日本文に合う英文になるように，（ ）内の語を並べかえなさい。

英語で書かれた本は彼女のものです。

The book (hers / English / in / written / is).

⑨ This is not a problem because we can understand both.

because は〈理由〉を表す接続詞。後に理由や原因を表す〈S + V〉の文が続く。This は⑧を指す。

・both「両方とも」 ここでは代名詞。

⑩ However, if you say / dədéɪ / or / tətéɪ /, no one will understand what you say.

if は「もし～なら」という〈条件〉を表す接続詞。後に〈S＋V〉の文が続く。what は先行詞を含む関係代名詞で「～するもの[こと]」という意味を表す。ここでは what you say「あなたの言うこと」が understand の目的語になっている。

・no one「だれも～ない」 主語の前に no がつくと全否定になる。

⑪ This example shows us that consonants are more important than vowels.

〈SVO_1O_2〉の文。This example が主語（S），shows が動詞（V），us が目的語$_1$（O_1），that consonants are more important than vowels が目的語$_2$（O_2）。「S は O_1 に O_2 を V する」という意味を表す。HU

more important は形容詞 important の比較級。important などのつづりの長い語は，前に more をつけて比較級を作る。This example は⑩を指す。

⑪の英文の訳を完成させなさい。

この例は，（ ）。

⑤ written in English is hers
⑪ 子音が母音よりも重要であることを私たちに示しています

文法のまとめ

A 前の文や語群について補足的に説明する — 関係代名詞の継続用法② (〜, which ...)

┌ 関係代名詞
Bob won the game, **which** surprised everyone.
先行詞 (＝前の文全体)
ボブが試合に勝ち，**そのことは**みんなを驚かせた。

┌ 関係代名詞
I tried *to persuade her*, **which** was impossible.
先行詞 (＝句)
私は彼女を説得しようとしたが，**それは**不可能だった。

┌ 関係代名詞
Mike said *he loved me*, **which** was a lie.
先行詞 (＝節)
マイクは私を愛していると言ったけれど，**それは**うそでした。

例文

I passed the exam, **which** made my parents happy.
私は試験に合格し，**そのことは**両親を幸せにした。

He promised me *to find a new job*, **which** was difficult.
彼は新しい仕事を見つけると私に約束したが，**それは**難しかった。

She explained that *90% of the customers were satisfied with the new product*, **which** was wrong.
彼女は顧客の 90%が新製品に満足していると説明したが，**それは**間違っていた。

演習問題

1 次の日本文に合う英文になるように，空所に適する語を書きなさい。

(1) 彼はサッカーが上手で，そのことは私たちをわくわくさせます。
He plays soccer well, _________ _________ us excited.

(2) アンナはカナダ出身だと言いましたが，それは事実ではありませんでした。
Anna said she came from Canada, _________ _________ not true.

(3) その少女はケーキを作ろうとしましたが，それは簡単ではありませんでした。
The girl tried to make a cake, _________ was _________ easy.

2 次の英文を日本語にしなさい。

(1) The weather forecast said it would be fine today, which was wrong.
(　　　　　　　　　　　　　　　　　　　　　　　　　　　　　　　　)

(2) My friend in Canada called me last night, which surprised me.
(　　　　　　　　　　　　　　　　　　　　　　　　　　　　　　　　)

3 次の日本文に合う英文になるように，(　) 内の語句を並べかえて全文を書きなさい。

(1) 彼の上司は彼を説得しようとしましたが，それは不可能でした。
His boss (to / which / persuade / tried / him / ,) was impossible.

____

(2) 彼女は遅くまで仕事をして，そのことが彼女を疲れさせました。
She (which / worked / tired / late / her / made / ,).

____

(3) エミは体調が悪いと言いましたが，それはうそでした。
Emi (was / which / sick / a lie / she / was / said / ,).

____

LESSON 4

演習問題の答え **1**(1) which makes ▶ 先行詞は前の文全体。 (2) which was ▶ 先行詞は前の節。 (3) which, not ▶ 先行詞は前の句。 **2**(1) 天気予報は今日晴れるだろうと言っていたが，それは間違っていた。 (2) カナダの友人が昨夜私に電話をくれたが，そのことは私を驚かせた。 **3**(1) His boss tried to persuade him, which was impossible. (2) She worked late, which made her tired. (3) Emi said she was sick, which was a lie.

文法のまとめ

B 関係副詞 why の使い方

why 以下に修飾される先行詞「理由」 ┌ 関係副詞 why

I don't know *the reason* **why** he left the club.

私は彼がクラブをやめた**理由**を知らない。

例文

Please tell me *the reason* **why** you want to go to the university.

あなたがその大学に行きたい**理由**を私に教えてください。

I don't know *the reason* **why** everyone needs to submit this document.

私は全員がこの書類を提出しなければならない**理由**がわからない。

C 目的語として働く that 節 — SVO₁O₂(O₂ = that 節)

┌ that 節

History teaches us **that** changes come suddenly.

S V O1 O2

変化は突然やってくるものだと，歴史は私たちに教えてくれる。

例文

The map shows us **that** the island is far away from other countries.

その島が他の国々から遠く離れていることを，その地図は私たちに示している。

He promised me **that** he would come to the dance party.

ダンスパーティーに来ると，彼は私に約束した。

演習問題

1 次の日本文に合う英文になるように，空所に適する語を書きなさい。

(1) 彼が仕事をやめた理由を知っていますか。
Do you know ________ ________ ________ he quit his job?

(2) 私たち全員にすばらしい想像力があることを，その映画は私たちに教えてくれます。
The movie teaches us ________ we all have a great imagination.

2 次の英文を日本語にしなさい。

(1) I want to know the reason why this song attracts so many people.
(　　　　　　　　　　　　　　　　　　　　　　　　　　　　　　)

(2) The survey shows us that about 30% of the students don't have breakfast.
(　　　　　　　　　　　　　　　　　　　　　　　　　　　　　　)

(3) She informed me that a famous actor would visit our town.
(　　　　　　　　　　　　　　　　　　　　　　　　　　　　　　)

3 次の日本文に合う英文になるように，(　) 内の語句を並べかえて全文を書きなさい。

(1) これが私があなたにその本を薦める理由です。
This (the reason / is / you / why / I / recommend) the book.

____

(2) 私たちの会社の社長が退職することを，その文書は私たちに伝えています。
The document (the president / will / tells / of / that / our company / us) retire.

____

演習問題の答え **1**(1) the reason why　(2) that ▶ that 節は目的語(O_2)の役割を果たしている。
2(1) 私はこの歌が非常に多くの人を引きつける理由が知りたい。 (2) 生徒の約30%が朝食をとっていないことを，その調査は私たちに示している。 (3) 有名な俳優が私たちの町を訪れると，彼女は私に知らせてくれた。 **3**(1) This is the reason why I recommend you the book.　(2) The document tells us that the president of our company will retire.

Key Phrase のまとめ

(ページ)

42	□ **of course** もちろん ▶ 主に文頭に置くが，文の途中，文末にも置くことができる。 *Of course*, I'll help you. (もちろん，私はあなたを手伝うつもりだ)
44	□ **make up** ～を占める ▶ make up の後には，割合や量を示す語句を置くことが多い。 They *make up* about 40% of the population. (彼らは人口の約 40% を占める)

◆ その他の重要表現 ◆

40	□ **one of** ～の１つ［１人］ ▶ 複数あるもののうちの１つを指すときに使う。one of の後には名詞の複数形がくることに注意。 He is *one of* my brothers. (彼は私の兄弟のうちの１人だ)
42	□ **due to** ～のために ▶ 原因・理由を表す句として because of を使うこともできる。 He couldn't pass the exam *due to* a mistake. (彼は１つの失敗のために，その試験に合格することができなかった)
42	□ **have a problem with** ～に問題を抱える ▶ have a trouble with は解決の糸口が見つからない，さらに深刻なニュアンスになる。 I *have a problem with* my computer. (私はコンピュータに問題を抱えている)
44	□ **focus on** ～に注意を集中させる ▶ You should *focus on* the problem. (あなたはその問題に注意を集中させるべきだ)

演習問題

1 次の日本文に合う英文になるように，空所に適する語を書きなさい。

(1) 彼は私の友だちの１人です。
He is ________ ________ my friends.

(2) もちろん，あなたはいつでも私に電話をかけることができます。
________ ________ , you can call me anytime.

(3) 彼女は悪天候のために，出かけることができませんでした。
She couldn't go out ________ ________ the bad weather.

(4) 彼は携帯電話に問題を抱えています。
He has a ________ ________ his mobile phone.

(5) これらの文化の違いに注意を集中させましょう。
Let's ________ ________ the difference between these cultures.

(6) この商品の売上は全体の売上の３分の１を占めています。
The sales of this product ________ ________ one third of the total sales.

2 次の英文を日本語にしなさい。

(1) Girls make up one quarter of the club.
(　　　　　　　　　　　　　　　　　　　　)

(2) I have a problem with my car.
(　　　　　　　　　　　　　　　　　　　　)

(3) People aged 65 and over make up about 28 percent of the Japan's population.
(　　　　　　　　　　　　　　　　　　　　)

(4) She couldn't go to school due to sickness.
(　　　　　　　　　　　　　　　　　　　　)

(5) This is one of the popular songs in the U.K.
(　　　　　　　　　　　　　　　　　　　　)

演習問題の答え **1**(1) one of (2) Of course (3) due to (4) problem with (5) focus on (6) make up **2**(1) 女子がそのクラブの４分の１を占める。 (2) 私は車に問題を抱えている。 (3) 65歳以上の人々が日本の人口の約28％を占める。 (4) 彼女は病気のために，学校へ行くことができなかった。 (5) これはイギリスで人気のある曲の１つだ。

定期テスト対策問題

語い・表現

1 次の各組の下線部の発音が同じなら○を，異なるなら×を書きなさい。

□(1) widely / variety 〔　　〕

□(2) accent / phrase 〔　　〕

□(3) southest / pronounce 〔　　〕

2 次の日本文に合う英文になるように，空所に適する語を書きなさい。

□(1) もちろん，質問があればいつでも私に聞いて構いません。

＿＿＿＿ ＿＿＿＿, you can ask me anytime if you have a question.

□(2) 彼らは人口の約40%を占めます。

They ＿＿＿＿ ＿＿＿＿ about 40 percent of the population.

文法

3 次の（　）内から適する語を選んで，書きなさい。

□(1) She told me the reason (how / which / why) she was absent. ＿＿＿＿

□(2) I tried to cook *tempura*, (which / that / what) was difficult. ＿＿＿＿

□(3) The article tells us (which / who / that) the number of elderly people is increasing. ＿＿＿＿

4 次の日本文に合う英文になるように，（　）内の語句を並べかえて全文を書きなさい。

□(1) 彼は遅れた理由を説明しました。

(explained / was / he / why / late / the reason / he).

＿＿＿＿＿＿＿＿＿＿＿＿＿＿＿＿＿＿＿＿

□(2) 生徒たちの80%が週末に部活動をしていることを，そのレポートは私たちに伝えています。

The report (tells / club activities / 80% / that / have / us / of / the students) on weekends.

＿＿＿＿＿＿＿＿＿＿＿＿＿＿＿＿＿＿＿＿

□(3) 彼女は賞を取り，そのことは彼女の両親を喜ばせました。

(won / her parents / happy / made / the prize / which / she / ,).

＿＿＿＿＿＿＿＿＿＿＿＿＿＿＿＿＿＿＿＿

□(4) 彼は宿題を終えたと言いましたが，それはうそでした。

(his homework / said / he / finished / a lie / he / which / was / ,).

＿＿＿＿＿＿＿＿＿＿＿＿＿＿＿＿＿＿＿＿

5 次の日本文を英語にしなさい。

□(1) あなたは彼がクラブをやめた理由を知っていますか。

____

□(2) これらの地域が海に近いことを，この地図は私たちに示しています。

____

□(3) 私たちのチームは試合に勝ち，そのことはみんなをわくわくさせました。

____

読解

6 次の英文を読んで，あとの問いに答えなさい。

According to one estimate, native English speakers make up only a quarter of the world's English speakers. English is now used more often between non-native speakers than between native speakers. For example, when business people from Japan, China, and Korea have a meeting, ①they (　　) their business in English. The English spoken in this situation is called English ②(by / as) a lingua franca or ELF.

In using ELF, you should speak ③(clearly / clear) and simply. You should also focus on consonants. For example, most native speakers pronounce *today* as / tədéɪ /, while some usually say / tədáɪ /. ④This is not a problem because we can understand both. However, if you say / dədéɪ / or / tətéɪ /, ⑤no one will understand (　　) you say. ⑥This example (important / vowels / shows / are / us / that / than / consonants / more).

(1) 下線部①が「彼らは英語で彼らのビジネスについて話し合います」，下線部⑤が「あなたの言うことはだれもわからないでしょう」という意味になるように，(　) に適切な語を入れなさい。

□① ________　□⑤ ________

(2) ②③の (　) 内から適する語を選んで書きなさい。

□② ________　□③ ________

□(3) 下線部④の英文を This が指すものを明らかにして日本語にしなさい。

(　　　　　　　　　　　　　　　　　　　　)

□(4) 下線部⑥が「この例は，子音が母音よりも重要であることを私たちに示しています」という意味になるように，(　) 内の語を並べかえて全文を書きなさい。

____

定期テスト対策問題の解答・解説

1 (1) ○ (2) × (3) ○

解説 (1) widely の下線部も variety の下線部も [aɪ] と発音する。

(2) accent の下線部は [æ]，phrase の下線部は [eɪ] と発音する。

(3) southest の下線部も pronounce の下線部も [aʊ] と発音する。

2 (1) Of course (2) make up

解説 (1)「もちろん」は **of course**。

(2)「～を占める」は **make up**。

3 (1) why (2) which (3) that

解説 (1)「彼女は私に欠席した理由を話した」 **the reason why**「～する理由」

(2)「私は天ぷらを料理しようとしたが，それは難しかった」〈**～, which ...**〉で前の文や語群について補足的に説明する。ここでは which 以下は to cook *tempura* を説明する。

(3)「その記事は私たちに，高齢者の数が増えていることを伝えている」 that 以下が文の目的語(O_2)として働く，**SVO_1O_2(O_2=that 節)** の文。

4 (1) He explained the reason why he was late.

(2) The report tells us that 80% of the students have club activities on weekends.

(3) She won the prize, which made her parents happy.

(4) He said he finished his homework, which was a lie.

解説 (1) **the reason why**「～する理由」で表す。

(2) that 以下が文の目的語として働く，**SVO_1O_2(O_2=that 節)** の文。

(3) 〈**～, which ...**〉で前の文や語群について補足的に説明する。ここでは which 以下は前の文全体である She won the prize を説明する。

(4) 〈**～, which ...**〉で前の文や語群について補足的に説明する。ここでは which 以下は節である he finished his homework を説明する。

5 (1) Do you know the reason why he left the club?
(2) This map shows us that these areas are close to the sea.
(3) Our team won the game, which made everyone excited.

解説 (1) **the reason why**「～する理由」で表す。
(2) that 以下が文の目的語(O_2)として働く，**SVO_1O_2(O_2=that 節)**の文。
(3) 〈**~, which ...**〉で前の文や語群について補足的に説明する。ここでは which 以下は前の文全体である Our team won the game を説明する。

6 (1) ① discuss ⑤ what
(2) ② as ③ clearly
(3) たいていの母語話者が today を / tədéɪ / と発音する一方で，普段は / tədáɪ / と言う人もいるということは，私たちは両方とも理解できるので問題ではありません。
(4) This example shows us that consonants are more important than vowels.

解説 (1) ①「～を話し合う」は **discuss**。
⑤「～するもの[こと]」は関係代名詞 **what**(= the thing that)。
(2) ②「～としての」は **as**。
③「はっきりと」は **clearly**。
(3) This は直前の most native speakers pronounce *today* as / tədéɪ /, while some usually say / tədáɪ / を指す。
(4) that 以下が文の目的語(O_2)として働く，**SVO_1O_2(O_2=that 節)**の文。「子音」は **consonant** で，「母音」は **vowel**。

LESSON 4

LESSON 5 Universal Design: Convenient for All

Preview

Introduction

ユニバーサルデザインがテーマ。ユニバーサルデザインは，すべての人のための，製品，建物，または環境のデザインで，どのような立場の人にとっても，使いやすいものであるべきだ。ユニバーサルデザインについての内容を読み取り，その利点や課題について理解を深めよう。

● Part 別に Summary を完成させよう

Part 1 ユニバーサルデザインにはどのようなものがありますか。

日本で使われている4種類の照明のスイッチを見ていくと，より古いタイプのスイッチAは小さくて，つけたり消したりしづらい。一方，より新しいデザインのスイッチBは，スイッチAよりも大きくて（　(1)　）やすい。また，スイッチCには小さな（　(2)　）がついている。さらにスイッチDは，これらの（　(3)　）の両方を兼ね備えている。これらのより使いやすく改良された新しい製品が，ユニバーサルデザインの例である。

Part 2 ユニバーサルデザインとはどのような概念ですか。

ユニバーサルデザインは，すべての人のための，製品，建物，または環境のデザインで，どのような立場の人にとっても使いやすいものであるべきだ。日本では，すべての人が読むことのできる街(がい)区表示板を設計するために，いくつかの措置がとられており，デザイナーには漢字を読むことができない子どもや（　(4)　），さらに（　(5)　）の不自由な人の状況を想像することが求められている。

Part 3 温泉を表すピクトグラムにはどのような問題点がありましたか。

ピクトグラムもまた，人々の年齢や言語に関係なく理解することができる，ユニバーサルデザインのよい例である。日本では17世紀以来，温泉を表すのにピクトグラムAが使われてきた。しかしながら，この記号の意味は，（　(6)　）にはすぐにわかるものではない。そこで，日本政府はピクトグラムBを導入したが，ピクトグラムBのほうがよいという人と，ピクトグラムAは日本の文化の一部なので，そのままにするべきだと主張する人による，激しい（　(7)　）を引き起こした。

Part 4 ミクはピクトグラムの問題点についてどのように考えていますか。

ミクは，ピクトグラムは理解しやすいものであるべきだが，時にそれらは（　(8)　）に反することがあり得るということを知った。また，ピクトグラムは単純であるべきだということも学んだ。一方，ピクトグラムにおいて（　(9)　）を避けるのは難しいと考えている。

Grammar

A ～ing（現在分詞）を使って，情報を付け加える ― **分詞構文**

Carrying something in both hands, you can even press it with your elbow. 〈Part 1, *l*.8〉

両手で何かを**持ち運びながら**，ひじでそれを押すことさえもできます。

＊「～しながら」付帯状況

B 進行形の受動態 ― **〈be 動詞＋ being ＋過去分詞〉**

In Japan, steps ***are being*** **taken** to design town address signs that everyone can read. 〈Part 2, *l*.7〉

日本では，すべての人が読むことのできる街(がい)区表示板を設計するために，いくつかの措置が**とられているところです**。

C どんな「場所」か，補足的に説明する ― **関係副詞 where の継続用法（～, where ...）**

Some of them went into *a building with this sign*, **where** they were surprised. 〈Part 3, *l*.7〉

彼らのなかには，この記号のある建物に入って，**そしてそこで**驚いた人もいました。

D 長い目的語の代わりに it を使う

The idea of universal design is fine, but I find **it** difficult **to avoid** stereotypes in pictograms. 〈Part 4, *l*.14〉

ユニバーサルデザインという考えはすばらしいですが，ピクトグラムにおいて固定観念を**避けるのは**難しいと私は思います。

● Summary 完成問題の答え ⟹ (1) 押し　(2) ランプ　(3) 改良点　(4) 外国人　(5) 目　(6) 外国人観光客　(7) 議論　(8) 伝統　(9) 固定観念

Part 1 Mr. Parker introduces universal design with some pictures.

教科書 pp.52 ～ 53

本文を読もう　意味のまとまりを意識しながら読もう。

➲解説　NW 万人の，全世界の　➲解説

① Do you know / what universal design is? // ② First, / let's look at these pictures / of four types of light switches / used in Japan. //

ユニバーサルデザイン　まずは

KP 〈明かりなど〉をつける

③ Switch A is an older type. // ④ It is small / and hard to turn on and off. // ⑤ It is especially hard to use / if your hands are full / or if you are old and frail. //

NW スイッチ　KP 〈明かりなど〉を消す　NW 〈体が〉弱い

⑥ Switches B, C, and D are newer designs. // ⑦ Switch B is bigger and easier to press / than Switch A. // ⑧ Carrying something in both hands, / you can even press it with your elbow. // ⑨ Switch C has a small lamp on it. // ⑩ You can find it easily in the dark. // ⑪ Switch D combines both of these improvements. //

➲解説　NW ～を押す　HU ～しながら　NW ひじ　NW ランプ　KP 暗がりで　NW ～を兼ね備える　NW 改良点

➲解説　➲解説

⑫ Light switches have improved greatly / over the years. // ⑬ When each new design was introduced, / it was easier to use / than the older types. // ⑭ These new products are examples of universal design. //

NW 大いに　長年にわたって

読解のポイント

▶ 旧型の照明のスイッチはどのようなデザインか。

▶ 新しい照明のスイッチはどのように改良されたか。

① Do you know what universal design is?

What is universal design? という疑問文が組み込まれた間接疑問文。what universal design is は know の目的語。このように疑問詞で始まる節が動詞の目的語になっているものを間接疑問といい，〈疑問詞 + S' + V'〉の語順になる。

日本文に合う英文になるように，（ ）内の語句を並べかえなさい。

どのバスが駅へ行くのか教えてください。

Please tell me (to / goes / bus / the station / which).

② First, let's look at these pictures of four types of light switches used in Japan.

used「使われている」は過去分詞。in Japan を伴って four types of light switches を修飾している。

・first「まずは」 順番を示すときに使う副詞。

⑧ Carrying something in both hands, you can even press it with your elbow.

Carrying something in both hands は現在分詞（～ing）で始まる分詞構文。分詞で始まる句が副詞として働き，主節の内容を補足説明する。分詞構文はさまざまな意味を表すが，ここでは「～しながら」という〈付帯状況〉を表しており，「両手で何かを持ち運びながら」という意味になる。HU

it は⑦の Switch B を指す。

日本文に合う英文になるように，____ に適する語を書きなさい。

朝食をとりながら，私は宿題をしました。

________ breakfast, I did my homework.

⑫ Light switches have improved greatly over the years.

have improved は「改良されてきた」という〈継続〉を表す現在完了。improved は improve の過去分詞形。〈have / has + 過去分詞〉で「ずっと～している」という意味を表す。

・over the years「長年にわたって」 over は「～にわたって，～の間」という意味を表す前置詞。

⑬ When each new design was introduced, it was easier to use than the older types.

when は「～とき」という〈時〉を表す接続詞。後に〈S + V〉の文が続く。主節は〈S + be 動詞 + 形容詞 + to *do*〉で「S は～するのが…だ」という意味を表す。この形は，形容詞が難易の意味の場合に使われる。easier は形容詞 easy の比較級。〈比較級 + than ～〉は2つのものを比べて，「～よりも…だ」という意味を表す。it は従属節の each new design を指す。

① which bus goes to the station ⑧ Having[Eating]

LESSON 5

Mr. Parker explains the concept of universal design to the class.

教科書 pp.54 ～ 55

本文を読もう　意味のまとまりを意識しながら読もう。

① Universal design is / the design of products, buildings, or environments for everyone. // ② These designs should be easy to use / for people of any age, ability or disability. // ③ Universal design requires designers / to think of others / and imagine their situations. // ④ What is OK for you / may not be OK for others. //

（③ 解説　requires：～に…することを要求する　think of：～を考える　④ 解説）

⑤ In Japan, / steps are being taken / to design town address signs / that everyone can read. // ⑥ What do you think about address signs / written only in kanji? // ⑦ These signs are unhelpful for kids and foreigners / who cannot read kanji. // ⑧ They could probably read an address / written in hiragana or the Roman alphabet. //

（⑤ 解説　HU steps are being taken：いくつかの措置がとられているところだ　NW address：住所，宛先　town address signs：街(がい)区表示板　⑦ 解説　NW unhelpful：役に立たない　NW foreigners：外国人　⑧ 解説　could：～かもしれない　NW alphabet：アルファベット　the Roman alphabet：ローマ字）

⑨ I think / town address signs leave something to be desired. // ⑩ If the signs were written in braille as well, / blind or visually impaired people / could read them. //

（NW be desired：望まれる　braille：点字　NW blind：目の見えない　NW visually：視覚に関して，視覚的に　visually impaired：目の不自由な）

読解のポイント

- ユニバーサルデザインとはどのような概念か。
- 日本では街(がい)区表示板の設計にあたってどのような措置がとられているか。
- パーカー氏の指摘する日本の街区表示板の改善点は何か。

③ Universal design requires designers to think of others and imagine their situations.
・require ～ to ...「～に…することを要求する」
・think of「～を考える」 of の後は名詞または動名詞が続く。

③の英文の訳を完成させなさい。
ユニバーサルデザインは，(　　　　　　　　　　　　　　　　　　　　　　　　)。

④ What is OK for you may not be OK for others.
what は先行詞を含む関係代名詞で「～するもの[こと]」という意味を表す。ここでは What is OK for you「あなたにとっては大丈夫なもの」が文の主語になっている。〈may not ＋動詞の原形〉で「～ではないかもしれない」という意味を表す。

⑤ In Japan, steps are being taken to design town address signs that everyone can read.
〈be 動詞＋ being ＋過去分詞〉の形の進行形の受動態が使われている。「～されているところだ」という意味を表す。HU
that everyone can read は，先行詞 town address signs を修飾する関係代名詞節。that は関係代名詞節の中で目的語の働きをしている。先行詞が〈物・事〉を表すとき，目的格の関係代名詞は which か that を使う。

日本文に合う英文になるように，＿＿に適する語を書きなさい。
(1) 彼の自転車は現在，修理中です。
His bike ＿＿＿＿ ＿＿＿＿ ＿＿＿＿ now.
(2) 私がその塔を訪れたとき，建設中でした。
The tower ＿＿＿＿ ＿＿＿＿ ＿＿＿＿ when I visited it.

⑦ These signs are unhelpful for kids and foreigners who cannot read kanji.
who cannot read kanji は先行詞 kids and foreigners を修飾する関係代名詞節。who は関係代名詞節の中で主語の働きをしている。先行詞が〈人〉を表すとき，主格の関係代名詞は who か that を使う。

日本文に合う英文になるように，(　) 内の語句を並べかえなさい。
私には弁護士になりたいと思っている友だちがいます。
I have (a lawyer / to / a friend / be / wants / who).

⑧ They could probably read an address written in hiragana or the Roman alphabet.
written「書かれている」は write の過去分詞。in hiragana or the Roman alphabet を伴って an address を修飾している。They は⑦の kids and foreigners who cannot read kanji を指す。

③ 他人のことを考え，彼ら[他人]の状況を想像することをデザイナーに要求します
⑤(1) is being repaired[fixed]　(2) was being built　⑦ a friend who wants to be a lawyer

Part 3 Mr. Parker gives another example of universal design.

教科書 pp.56～57

本文を読もう　意味のまとまりを意識しながら読もう。

①Pictograms are also a good example of universal design. // ②They can be understood by people / regardless of their age or language. // ③However, / even pictograms sometimes cause a problem. //

（Pictograms：ピクトグラム　②解説　NW regardless：いずれにしても，それにもかかわらず　KP regardless of：～に関係なく）

④In Japan, / Pictogram A has been used since the 17th century / to represent a hot spring. // ⑤However, / the meaning of this symbol / is not obvious to foreign visitors. // ⑥Some of them went into a building with this sign, / where they were surprised. // ⑦They found / that it was not a restaurant. //

（④解説　since：～以来　NW represent：～を表す　hot spring：温泉　NW symbol：記号　NW obvious：すぐわかる　⑥解説　HU where（→ and there)）

⑧To help overseas visitors, / the Japanese government introduced Pictogram B. // ⑨This caused a hot debate. // ⑩Some people thought / the new symbol was better. // ⑪Others argued / that the old one is part of Japanese culture / and should be kept. //

（⑧解説　overseas：海外からの　NW debate：議論）

⑫The government finally decided / that people can use either one. //

（⑫解説　either one：どちらのもの）

読解のポイント

- ユニバーサルデザインのよい例として何があるか。
- 温泉を表す旧来のピクトグラムの問題点は何か。
- 温泉を表す新たなピクトグラムはどのような議論を引き起こしたか。

② They can be understood by people regardless of their age or language.

can be understood は can の後に受動態〈be 動詞＋過去分詞〉がきた形。助動詞の後の動詞は必ず原形なので，be 動詞が原形 be になっている。They は①の Pictograms を指す。

④ In Japan, Pictogram A has been used since the 17th century to represent a hot spring.

has been used は「使われてきた」という〈継続〉を表す受動態の現在完了。been は be 動詞の過去分詞形。〈have / has ＋ been ＋過去分詞〉で「ずっと～されている」という意味を表す。to represent は〈to ＋動詞の原形〉で，副詞的用法の不定詞。「表すために」という〈目的〉の意味を表す。

・since「～以来」〈継続〉を表す現在完了とよく一緒に使われる。

・hot spring「温泉」　可算名詞。

④の英文の訳を完成させなさい。

日本では 17 世紀以来，(　　　　　　　　　　　　　　　　　　　　　　　)。

⑥ Some of them went into a building with this sign, where they were surprised.

関係副詞の前にコンマがある形を関係副詞の継続用法という。ここでは，先行詞 a building with this sign について，関係副詞節 where they were surprised が補足的に説明している。where は and there に置き換えることができ，「そしてそこで」という意味になる。HU

them は⑤の foreign visitors を指す。

日本文に合う英文になるように，(　) 内の語句を並べかえなさい。

私は東京へ行って，そしてそこで 1 週間滞在しました。

I went (a week / I / where / Tokyo / stayed / for / to / ,).

⑧ To help overseas visitors, the Japanese government introduced Pictogram B.

To help は〈to ＋動詞の原形〉の形で，副詞的用法の不定詞。「手助けするために」という意味を表し，この文の動詞 introduced の〈目的〉を表す。目的を明確にする際に，不定詞を文頭に置くことがある。

・overseas「海外からの」　ここでは形容詞。副詞形も同じく overseas「海外へ[で]」。

⑫ The government finally decided that people can use either one.

〈decide ＋ that 節〉で「～(that 節の内容)を決める」という意味を表す。この that は「～ということ」の意味の接続詞で，後に〈S ＋ V〉の文が続く。

・either one「どちらのもの」　either は通常肯定文で「どちらの～でも」という意味を表す形容詞。

④ 温泉を表すのにピクトグラム A が使われてきました　⑥ to Tokyo, where I stayed for a week

LESSON 5

After Mr. Parker's talk, Miku talks to the class about problems in pictograms.

教科書 pp.58 ~ 59

本文を読もう　意味のまとまりを意識しながら読もう。

① I learned from Mr. Parker's speech / that pictograms should be easy to understand. // ② (解説) However, / we saw / that they can sometimes go against tradition. //
（NW tradition 伝統　KP go against ～に反する）

③ I also learned / that pictograms should be simple. // ④ In this case, / I think / we should be careful of stereotypes. //
（be careful of ～に気をつける　NW stereotypes 固定観念）

⑤ Please look at these three pictograms. //

（図省略）

⑥ They are simple and easy to understand, / but these symbols / seem to be based on stereotypes of men and women. // ⑦ (解説) In Pictogram A, / why is the woman colored red / and wearing a skirt? // ⑧ (解説) In Pictogram B, / why are the people having a business meeting / both men? // ⑨ (解説) In Pictogram C, / why is it a woman / who is taking care of the child? //
（NW colored ～に色をつけられた　NW skirt スカート　having a business meeting 商談をしている　both 両方とも　is it ... who is ～ …なのは～だ　KP taking care of ～の世話をしている）

⑩ (解説) The idea of universal design is fine, / but I find it difficult / to avoid stereotypes in pictograms. //
（HU it 形式目的語 ＝ to avoid stereotypes in pictograms 真の目的語）

読解のポイント

- ミクはパーカー氏の話から何を学んだか。
- 固定観念に基づいたピクトグラムにはどのような例があるか。
- ミクはピクトグラムについてどのように考えているか。

② However, we saw that they can sometimes go against tradition.

〈see + that 節〉で「～であることを知る」という意味を表す。この that は「～ということ」の意味の接続詞で，後に〈S + V〉の文が続く。they は①の pictograms を指す。

②の英文の訳を完成させなさい。
しかしながら，私たちは，（　　　　　　　　　　　　　　　　　　　　　　）。

⑦ In Pictogram A, why is the woman colored red and wearing a skirt?

・color「～に色をつける」 名詞形も同じく color「色」。〈color + O + C〉で「O(物)に C(色)をつける」という意味を表す。

⑦の英文の訳を完成させなさい。
ピクトグラム A では，（　　　　　　　　　　　　　　　　　　　　　　）。

⑧ In Pictogram B, why are the people having a business meeting both men?

現在分詞 having は a business meeting を伴って the people を修飾している。

・both「両方とも」

日本文に合う英文になるように，（　）内の語句を並べかえなさい。
トムと話している女の子はだれですか。
(with / is / the girl / who / Tom / talking)?

⑨ In Pictogram C, why is it a woman who is taking care of the child?

why 以下は，強調構文〈it is ～ who ...〉「…するのは～だ」が why を使った疑問文になっている。強調構文を使わない単純な形にすると Why is a woman taking care of the child? となる。

・take care of「～の世話をする」

⑩ The idea of universal design is fine, but I find it difficult to avoid stereotypes in pictograms.

〈SVOC〉の文で，目的語が長い場合，(O)に形式目的語の it を置き，(C)の後に真の目的語である不定詞や that 節を続ける。なお，形式目的語の it をとる動詞には，find，make，think などがある。HU

日本文に合う英文になるように，（　）内の語句を並べかえなさい。
私は試験に合格するのは不可能だと思いました。
I (the exam / to / impossible / pass / it / thought).

② 時にそれらは伝統に反することがあり得るということを知りました
⑦ なぜ女性は赤く色づけられ，スカートを履いているのでしょうか
⑧ Who is the girl talking with Tom　⑩ thought it impossible to pass the exam

文法のまとめ

A ~ing(現在分詞)を使って，情報を付け加える ― 分詞構文

「〜しながら」〈付帯状況〉

Singing happily, Bob washed his car.

楽しそうに**歌いながら**，ボブは車を洗った。

「〜するとき」〈時〉

Arriving at the airport, she phoned her friend.

空港に**着くと**，彼女は友人に電話をかけた。

「〜なので」〈理由〉

Having a lot of time, we walked around the city.

時間がたっぷり**あったので**，私たちは町中を歩き回った。

※現在分詞(〜ing)で始まる語句が副詞としてはたらき，「〜しながら」〈付帯状況〉，「〜するとき」〈時〉，「〜なので」〈理由〉などを表す。

例文

Listening to music, he studied English.

音楽を**聞きながら**，彼は英語を勉強した。

Coming home, she took a shower.

家に**帰ると**，彼女はシャワーを浴びた。

Waiting for the bus so long, I got tired.

バスをとても長い時間**待ったので**，私は疲れた。

B 進行形の受動態 ―〈be 動詞 + being + 過去分詞〉

be 動詞　being+ 過去分詞

A new library ***is being*** **built** now.

今新しい図書館が**建設中**[**←建設されているところ**]です。

例文

The party ***is being*** **held** in this room now.

今この部屋でパーティーが**開催中**[**←行われているところ**]だ。

演習問題

1 次の（　）内の語を適する形にかえて，空所に書きなさい。

(1) ________ on the street, I met Yuka.　(walk)

(2) ________ no money, I couldn't get enough food.　(have)

(3) ________ tired, I went to bed early.　(be)

2 次の英文を日本語にしなさい。

(1) Getting up early, my grandfather took a walk.
(　　　　　　　　　　　　　　　　　　　　)

(2) Climbing the mountain, I saw a beautiful bird.
(　　　　　　　　　　　　　　　　　　　　)

(3) A new medicine is being developed.
(　　　　　　　　　　　　　　　　　　　　)

3 次の日本文に合う英文になるように，(　) 内の語句を並べかえて全文を書きなさい。

(1) 彼女はギターを弾きながら，歌を歌いました。
(the guitar / sang / she / playing / ,) a song.

____

(2) 車を運転していると，私は新しいレストランを見つけました。
(found / driving / I / my car / ,) a new restaurant.

____

(3) 今あなたの料理は準備中です。
(is / your / now / prepared / being / dish).

____

演習問題の答え　**1**(1) Walking ▶〈時〉を表す分詞構文。 (2) Having ▶〈理由〉を表す分詞構文。 (3) Being　**2**(1) 早く起きたので，私の祖父は散歩した。 (2) 山を登ると，私は美しい鳥を見た。 (3) 新しい薬が開発中[開発されているところ]だ。　**3**(1) Playing the guitar, she sang a song. ▶〈付帯状況〉を表す分詞構文。 (2) Driving my car, I found a new restaurant.　(3) Your dish is being prepared now.

C どんな「場所」か，補足的に説明する ― 関係副詞 where の継続用法（～, where ...）

関係副詞

She went to *Macao*, **where** (= *and there*) she stayed for a month.

where 以下に修飾される先行詞「場所」

彼女はマカオに行き，**そこに**1か月滞在した。

例文

He went to *the park*, **where** he met some of his friends.

彼はその公園に行き，**そこで**彼の友人の何人かと会った。

D 長い目的語の代わりに it を使う

形式目的語

Tom found **it** hard **to play** the violin.

真の目的語（to- 不定詞）

トムはバイオリンを**弾くの**は難しいとわかった。

形式目的語

I think **it** a pity **that** you don't try hard.

真の目的語（that 節）

君が一生懸命やろうとしない**の**を私は残念に思います。

※目的語が長くなる場合，文全体の動詞の直後に形式目的語 it を置き，真の目的語（to- 不定詞または that 節）を後に置く。

※形式目的語をとる動詞には，find，make，think などがある。

I found **it** hard **to finish** my homework today.

私は今日宿題を**終えるの**は難しいとわかった。

I think **it** important **that** I make plans for a trip.

私は旅行の計画を立てる**こと**は重要だと思う。

He makes **it** a habit **to clean** his room every morning.

彼は毎朝自分の部屋を**掃除するの**を習慣にしている。

演習問題

1 次の日本文に合う英文になるように，空所に適する語を書きなさい。

(1) 私の家族は北海道を訪れ，そこでアイススケートを楽しみました。
My family visited Hokkaido, ＿＿＿＿＿ we enjoyed ice skating.

(2) 私は彼がその試験に合格したのは当然だと思います。
I think ＿＿＿＿＿ natural ＿＿＿＿＿ he passed the exam.

(3) 彼はもっと勉強することが必要だとわかりました。
He found ＿＿＿＿＿ necessary ＿＿＿＿＿ study more.

(4) 彼女は毎日運動をするようにしています。
She ＿＿＿＿＿ it a rule ＿＿＿＿＿ do exercise every day.

2 次の英文を日本語にしなさい。

(1) I found it difficult to write a report in English.
(　　　　　　　　　　　　　　　　　　　　　　　　　　　　)

(2) I think it interesting to solve the problem.
(　　　　　　　　　　　　　　　　　　　　　　　　　　　　)

(3) He went to the reception, where he received his room key.
(　　　　　　　　　　　　　　　　　　　　　　　　　　　　)

3 次の日本文に合う英文になるように，(　) 内の語句を並べかえて全文を書きなさい。

(1) 彼はそのウェブサイトを訪問し，そこで詳細な情報を得ました。
He (the web site / detailed / he / where / visited / got / information / ,).

＿＿＿＿＿＿＿＿＿＿＿＿＿＿＿＿＿＿＿＿＿＿＿＿＿＿＿＿＿＿

(2) 私は彼女がパーティーに来ないのを残念に思います。
(doesn't / to / she / that / a pity / I / think / it / come) the party.

＿＿＿＿＿＿＿＿＿＿＿＿＿＿＿＿＿＿＿＿＿＿＿＿＿＿＿＿＿＿

LESSON 5

演習問題の答え **1**(1) where (2) it, that ▶ that 節が真の目的語の文。 (3) it, to ▶ to- 不定詞が真の目的語の文。 (4) makes, to **2**(1) 私は英語でレポートを書くのは難しいとわかった。 (2) 私はその問題を解くのはおもしろいと思う。 (3) 彼は受付に行き，そこで部屋の鍵を受け取った。 **3**(1) He visited the web site, where he got detailed information. (2) I think it a pity that she doesn't come to the party.

Key Phrase のまとめ

(ページ)

52	□ **turn on** 〈明かりなど〉をつける ▶ 電気製品の電源を入れるという意味。 Please *turn on* the TV.（テレビをつけてください）
52	□ **turn off** 〈明かりなど〉を消す ▶ 電気製品の電源を切るという意味。 Please *turn off* your mobile phone.（携帯電話の電源を切ってください）
52	□ **in the dark** 暗がりで ▶ the+ 形容詞で，形容詞を名詞のように扱うことができる。 I couldn't find him *in the dark*. （私は暗がりで彼を見つけることができなかった）
56	□ **regardless of** ～に関係なく ▶ 前置詞に of を用いることに注意。Regardless of age, ... のように文頭に使う場合はコンマを置く。 We can be friends *regardless of* nationality. （私たちは国籍に関係なく友だちになることができる）
58	□ **go against** ～に反する ▶ 前置詞 against は「～に反対して」という意味。 *Going against* the rules, I talked with my friends in the library. （規則に反して，私は友だちと図書館でおしゃべりをした）
58	□ **take care of** ～の世話をする ▶ take care of の後に問題や仕事を表す語句を置いて，「～を処理する」という意味を表す場合もある。 I *took care of* my little sisters when I was a child. （私は子ども時代，妹たちの世話をしていた）

◆ その他の重要表現 ◆

58	□ **be careful of** ～に気をつける ▶ careful は「注意深い」という意味。 *Be careful of* the stairs.（階段に気をつけなさい）

演習問題

1 次の日本文に合う英文になるように，空所に適する語を書きなさい。

(1) ラジオをつけなさい。
_________ _________ the radio.

(2) その国の計画は世界的動向に反しています。
The country's plan _________ _________ the global trend.

(3) 彼らは夜通し彼らの子どもの世話をしました。
They _________ care _________ their child all night.

(4) 私は暗がりで鳴いているネコを見つけました。
I found a meowing cat _________ the _________.

(5) 年齢に関係なく，だれでも応募できます。
Anyone can apply _________ _________ age.

(6) 食べ過ぎに気をつけなさい。
Be _________ _________ eating too much.

2 次の英文を日本語にしなさい。

(1) I lost my keys in the dark.
( )

(2) I have to take care of these cats.
( )

(3) You can join the club regardless of your age.
( )

(4) Going against her own will, she became a doctor.
( )

(5) Please turn off the light when you leave this room.
( )

演習問題の答え **1**(1) Turn on (2) goes against (3) took, of (4) in, dark (5) regardless of (6) careful of **2**(1) 私は暗がりで鍵をなくした。 (2) 私はこれらのネコの世話をしなければならない。 (3) あなたは年齢に関係なくそのクラブに入ることができる。 (4) 彼女は自分の意思に反して医者になった。 (5) この部屋を出るときは電気を消してください。

定期テスト対策問題

語い・表現

1 次の各組で下線部の発音がほかと異なるものを選び，記号で答えなさい。

□(1) ア desire　イ blind　ウ switch　エ combine　〔　　　〕
□(2) ア address　イ debate　ウ elbow　エ press　〔　　　〕
□(3) ア government　イ color　ウ another　エ obvious　〔　　　〕

2 次の日本文に合う英文になるように，空所に適する語を書きなさい。

□(1) 年齢や性別に関係なく，だれでもそのイベントに参加できます。
Anyone can join the event ______ ______ age or gender.

□(2) 彼女の靴下は学校の服装規程に反します。
Her socks ______ ______ school dress code.

□(3) 彼女は帰り道に見つけたネコの世話をしました。
She ______ ______ ______ the cat she found on her way home.

□(4) テレビを消してください。
Please ______ ______ the TV.

文法

3 次の（　）内の語を適する形にかえて，空所に書きなさい。ただし1語とは限りません。

□(1) ______ on the phone, she took notes.　(talk)
□(2) I found it difficult ______ the exam.　(pass)
□(3) ______ home, she had dinner.　(arrive)

4 次の各組がほぼ同じ内容になるように，空所に適する語を書きなさい。

□(1) He went to bed early because he was tired.
______ tired, he went to bed early.

□(2) I think that studying abroad at least a year is necessary for me.
I think ______ ______ that I ______ abroad at least a year.

□(3) I went to the restaurant, and there I saw the famous soccer player.
I went to the restaurant, ______ I saw the famous soccer player.

□(4) The professors are holding a meeting in this room now.
A meeting ______ ______ ______ by the professors in this room now.

5 次の日本文を英語にしなさい。

□(1) あなたがそのクラブをやめたのを私は残念に思います。

____

□(2) 彼女はプールに行き，そこで泳ぎました。

____

□(3) 今新しい学校が建設中です。

____

読解

6 次の英文を読んで，あとの問いに答えなさい。

Universal design is the design of products, buildings, or environments for everyone. These designs should be easy to use ①(　　) people of any age, ability or disability. Universal design requires designers to think ②(　　) others and imagine their situations. What is OK for you may not be OK for others.

③In Japan, (to / being / design / steps / taken / are) town address signs that everyone can read. What do you think about address signs written only ④(　　) kanji? These signs are ⑤(　　) for kids and foreigners who cannot read kanji. They could probably read an address written in hiragana or the Roman alphabet.

⑥I think town address signs leave something to be desired. If the signs were written in braille as well, blind or ⑦(　　) impaired people could read them.

(1) 空所①②④に適する語を下から選び，記号で答えなさい。

ア to　イ of　ウ in　エ for

□①〔　　　〕　□②〔　　　〕　□④〔　　　〕

□(2) 下線部③が「日本では，すべての人が読むことのできる街(がい)区表示板を設計するために，いくつかの措置がとられているところです」という意味になるように，(　) 内の語を並べかえて全文を書きなさい。

____

(3) 空所⑤が「役に立たない」という意味に，下線部⑦が「目の不自由な人」という意味になるように，(　) に適切な語を入れなさい。

□⑤ __________　□⑦ __________

□(4) 下線部⑥の英文を日本語にしなさい。

____

LESSON 5

定期テスト対策問題の解答・解説

1 (1) ウ　(2) イ　(3) エ

解説 (1) switch の i のみ [i]，その他は [aɪ]。
(2) debate の e のみ [ɪ]，その他は [e]。
(3) obvious の o のみ [ɑ(:)]，その他は [ʌ]。

2 (1) regardless of　(2) go against　(3) took care of　(4) turn off

解説 (1)「～に関係なく」は **regardless of**。
(2)「～に反する」は **go against**。
(3)「～の世話をする」は **take care of**。
(4)「〈明かりなど〉を消す」は **turn off**。

3 (1) Talking　(2) to pass　(3) Arriving

解説 (1)「電話で話しながら，彼女はメモをとりました」「～しながら」〈付帯状況〉を表す現在分詞(**～ing**)で表す。
(2)「私はその試験に合格するのは難しいとわかりました」 長い目的語の代わりに形式目的語 **it** を使う。真の目的語を **to-** 不定詞で表す。
(3)「家に着くと，彼女は夕食をとりました」「～するとき」〈時〉を表す現在分詞(**～ing**)で表す。

4 (1) Being　(2) it necessary, study　(3) where　(4) is being held

解説 (1)「彼は疲れていたので，早く寝ました」「～なので」〈理由〉を表す現在分詞(**～ing**)で表す。
(2)「私は自分には少なくとも1年間留学することが必要だと思います」 長い目的語の代わりに形式目的語 **it** を使う。真の目的語を **that** 節で表す。
(3)「私はレストランに行き，そこでその有名なサッカー選手を見かけました」 どんな「場所」か補足的に説明する〈**～, where ...**〉で表す。
(4)「今教授たちがこの部屋で会議をしています」 進行形の受動態〈**be 動詞 + being + 過去分詞**〉で表す。

5 (1) I think it a pity that you left the club.

(2) She went to the pool, where she swam.

(3) A new school is being built now.

解説 (1) 長い目的語の代わりに形式目的語 **it** を使う。真の目的語を **that** 節で表す。

(2) どんな「場所」か補足的に説明する〈**~, where ...**〉で表す。

(3) 進行形の受動態〈**be 動詞 + being + 過去分詞**〉で表す。

6 (1) ① **エ** ② **イ** ④ **ウ**

(2) In Japan, steps are being taken to design town address signs that everyone can read.

(3) ⑤ unhelpful ⑦ visually

(4) 私は，街区表示板には不十分な点がある[望まれる何かが残っている]と思います。

解説 (1) ④ only を取った written (　　) kanji の状態で考えるとわかりやすい。

(2) 進行形の受動態〈**be 動詞 + being + 過去分詞**〉で表す。

(3) ⑤ 「役に立たない」は **unhelpful**。

⑦ 「目の不自由な」は **visually impaired**。

(4) to be desired が something を説明する。直訳すると「望まれる何か」となる。

LESSON 6

Wakamiya Masako: The World's Oldest Game App Developer

Preview

Introduction

世界最高齢のゲームアプリ開発者である若宮正子さんが，コンピュータに興味をもちはじめてからゲームアプリを開発するまでの軌跡を読み取り，年齢に関係なく挑戦することの大切さや，高齢者のデジタル活用の利点について考えてみよう。

● Part 別に Summary を完成させよう

Part 1 若宮さんはどのようにコンピュータに興味をもつようになりましたか。

若宮さんは長年働いた銀行を退職する直前に初めてのコンピュータを購入し，3 か月間の（　(1)　）の後，なんとかインターネットに接続することができた。コンピュータの使い方を学ぶことは彼女に人生の新しい（　(2)　）を与えてくれた。若宮さんは，努力して自身のウェブサイトを作り，そこに海外旅行の写真や感想をアップロードした。

Part 2 若宮さんはどのように表計算ソフトのアート作品を制作しましたか。

若宮さんは花の画像を作るために，さまざまな色で表計算ソフトの（　(3)　）を塗りつぶした。また，美しい模様を作るために，各セルの周りに（　(4)　）を引き，（　(5)　）文字，記号，図形も使った。彼女はこうしてできたアート作品を，紙袋や（　(6)　），ブックカバーに印刷した。

Part 3 若宮さんはどのように「hinadan」を開発しましたか。

（　(7)　）向けのゲームがほとんどないと知った若宮さんは，プログラミングに関する本をたくさん買い，（　(8)　）たちにメールやビデオチャットで質問して，81 歳のときに，「hinadan」というゲームアプリをリリースした。プレイヤーはさまざまな（　(9)　）をそれぞれ適切な場所に動かさなければならない。高齢者は画面をスワイプすることが難しいので，hinadan は（　(10)　）することで操作できる。

Part 4 デジタル技術と高齢者についての若宮さんの基調演説はどのような内容でしたか。

デジタル技術は，高齢者が自立するのを手助けする。まず，家族や（　(11)　），さらにそれらを超えたものとの関係を促進するとともに，社会的活動に参加するのを手助けし，孤独であることの苦痛を（　(12)　）。また，新たにさまざまなタイプの人々と（　(13)　）し，海外の新しい友だちをつくるのを手助けする。デジタル機器は，高齢者が（　(14)　）になることや，もっと楽しむことの手助けをする。

Grammar

A 補語として働く分詞

1．SVC（C＝現在分詞 / 過去分詞）

However, she *kept* **working** hard and finally created her own website.

〈Part 1, *l*.14〉

しかしながら，彼女は懸命に**努力し**続け，ついに自分自身のウェブサイトを作りました。

2．SVOC（V＝使役動詞：make，have など，C＝過去分詞）「O を～してもらう，～させる」「O を～される」

Speaking slowly and clearly, she *made* herself **understood** in English.

〈Part 4, *l*.9〉

彼女はゆっくり，はっきりと話し，自分のことば[考え]を英語で通じさせました[彼女は英語で自分の言うことを理解させました]。

B 過去分詞を使って，情報を付け加える ― 受動態の分詞構文

Asked by her friends and other seniors, Ms. Wakamiya taught them basic computer skills. 〈Part 2, *l*.1〉

友だちや他の高齢者たちに**頼まれたので**，若宮さんは彼らに基本的なコンピュータ[パソコン]のスキルを指導しました。

C 過去のことについて推量したり，後悔・非難したりする ―〈助動詞＋ have ＋過去分詞〉

This simple app **must *have attracted*** many people. 〈Part 3, *l*.9〉

このシンプルなアプリは，多くの人々を**引きつけたにちがいありません**。

● Summary 完成問題の答え ⟹ (1) 試行錯誤　(2) 目的　(3) セル　(4) 罫線　(5) 装飾　(6) うちわ　(7) 高齢者　(8) 専門家　(9) ひな人形　(10) タップ　(11) 地域社会　(12) 和らげる　(13) 交流　(14) 創造力豊か

Part 1 Hiroki reads how Ms. Wakamiya became interested in computers.

教科書 pp.64～65

本文を読もう　意味のまとまりを意識しながら読もう。

①Wakamiya Masako was born in 1935, / and for many years / she worked at a bank in Tokyo. // ②Just before her retirement, / she bought her first computer. // ③After three months of trial and error, / she managed to connect it to the Internet. //

（解説）Just before：～の直前に　retirement：退職　NW trial：試行　NW error：誤り，間違い　NW managed：～をどうにかやり遂げた　KP trial and error：試行錯誤　KP managed to：（どうにか）～することができた

④After her retirement, / Ms. Wakamiya needed to take care of her mother / at home. // ⑤Her world grew smaller. // ⑥However, / her computer broadened her horizons. // ⑦She visited various websites / and made many online and offline friends. // ⑧Learning how to use a computer / gave her a new purpose in life. // ⑨She said, / "I feel I have got new wings." //

（解説）NW broadened：～を広げた　NW horizons：視野　offline：オフラインの　NW purpose：目的　Learning how to use a computer (S) gave (V) her (O_1) a new purpose in life (O_2)　NW wings：翼

⑩Ms. Wakamiya was not especially good at using a computer. // ⑪She operated the keyboard / with a single finger. // ⑫However, / she kept working hard / and finally created her own website. // ⑬There, / she uploaded pictures and impressions / of her overseas trips. //

（解説）KP was good at using：～することが得意だった　NW operated：～を操作した　keyboard：キーボード　NW single：たった１つの　HU she (S) kept (V) working (C（現在分詞）)　uploaded：アップロードした　NW impressions：感じ，印象

読解のポイント

▶ 若宮さんが初めてのコンピュータを購入したのはいつか。
▶ コンピュータは若宮さんの人生にどのような影響を与えたか。
▶ 若宮さんはコンピュータで何をしたか。

② Just before her retirement, she bought her first computer.

〈buy＋O_1＋O_2〉で「O_1(人)にO_2(物)を購入する」という意味を表す。

・just before「～の直前に」 ここでは before は前置詞。

・retirement「退職」 retire「退職する」の名詞形。

⑤ Her world grew smaller.

〈grow＋形容詞〉で「～(の状態)になる」という意味を表す。Her は④の Ms. Wakamiya を指す。

⑧ Learning how to use a computer gave her a new purpose in life.

〈SVO_1O_2〉の文。Learning how to use a computer が主語(S)，gave が動詞(V)，her が目的語$_1$(O_1)，a new purpose in life が目的語$_2$(O_2)。〈give＋O_1＋O_2〉で「O_1(人)にO_2(物など)を与える」という意味を表す。

確認問題 ⑧の英文の訳を完成させなさい。

コンピュータの使い方を学ぶことは（　　　　　　　　　　　　　　　）。

⑨ She said, "I feel I have got new wings."

直接話法の文。実際に，発言者が話した言葉をそのまま引用符で囲んで示す。〈feel＋that 節〉で「～のように感じる」という意味を表す。この that は「～ということ」の意味の接続詞で省略できる。後に〈S＋V〉の文が続く。

⑫ However, she kept working hard and finally created her own website.

〈SVC〉の文。she が主語(S)，kept が動詞(V)，working が補語(C)。「S＝C」の関係が成り立つ。現在分詞や過去分詞が補語として用いられる。HU

確認問題 日本文に合う英文になるように，＿＿に適する語を書きなさい。

(1) 彼らは駅でボブを待ち続けました。

They ＿＿＿＿＿＿ ＿＿＿＿＿＿ for Bob at the station.

(2) 彼女はそのニュースを聞いて驚いているように見えた。

She ＿＿＿＿＿＿ ＿＿＿＿＿＿ to hear the news.

LESSON 6

確認問題の答え ⑧ 彼女に人生の新しい目的を与えてくれました　⑫(1) kept waiting　(2) looked surprised

Part 2 Hiroki reads how Ms. Wakamiya developed a unique form of art.

教科書 pp.66～67

本文を読もう 意味のまとまりを意識しながら読もう。

➲解説
① Asked by her friends and other seniors, / Ms. Wakamiya taught them basic computer skills. //
（HU 頼まれたので ／ NW 高齢者 ／ S V O1 O2）

➲解説
② She even taught them / how to use a spreadsheet program, / which is usually regarded as software for business. //
（彼らに～の使い方を教えた ／ 表計算ソフト）

➲解説
③ To do this, / she began to develop a unique form of art / when she was around 70. //
（～前後に）

④ A spreadsheet has many cells. // ⑤ People usually put numbers or letters in them, / but Ms. Wakamiya put something else. // ⑥ She filled cells with different colors / to make the image of a flower. // ⑦ She drew a borderline around each cell / to create a beautiful pattern. //
（セル ／ KP AをBで埋めた ／ NW 罫線 ／ 模様）

➲解説
⑧ She also used other features of this software: / decorative characters, symbols, and figures. //
（NW 特徴 ／ NW 装飾の ／ 装飾文字 ／ 記号 ／ 図形）

⑨ Ms. Wakamiya printed her spreadsheet artworks / on paper bags, fans, and covers for books. // ⑩ She also posted pictures of these artworks / on her website. // ⑪ They attracted the attention of many people. //
（NW うちわ）

読解のポイント

- ▶ 若宮さんが表計算ソフトのアート作品を作るようになったきっかけは何か。
- ▶ 若宮さんは表計算ソフトのアート作品をどのように作ったか。
- ▶ 若宮さんは表計算ソフトのアート作品をどのように公開したか。

① Asked by her friends and other seniors, Ms. Wakamiya taught them basic computer skills.

Asked by her friends and other seniors は受動態の分詞構文。過去分詞で始まる句が副詞として働き，主節の内容を補足説明する。分詞構文はさまざまな意味を表すが，ここでは「～なので」という〈理由〉を表しており，「友だちや他の高齢者たちに頼まれたので」という意味になる。HU

主節は，〈SVO_1O_2〉の文。Ms. Wakamiya が主語(S)，taught が動詞(V)，them が目的語$_1$(O_1)，basic computer skills が目的語$_2$(O_2)。〈teach + O_1 + O_2〉で「O_1(人)に O_2(教科など)を指導する」という意味を表す。

・senior「高齢者」 形容詞も同じく senior「年上の；上位の，上級の」。

日本文に合う英文になるように，____に適する語を書きなさい。

遠くから見ると，海はより美しく見えます。

________ ________ a distance, the sea looks more beautiful.

② She even taught them how to use a spreadsheet program, which is usually regarded as software for business.

関係代名詞の前にコンマがある形を関係代名詞の継続用法という。ここでは，先行詞の a spreadsheet program を which 以下で補足的に説明している。

・teach A how to *do*「A に～の仕方を教える」

②の英文の訳を完成させなさい。

彼女は，通常は（　　　　　　　　　　　　　　　　　　　　　　　）。

③ To do this, she began to develop a unique form of art when she was around 70.

To do は〈to ＋動詞の原形〉の形で，副詞的用法の不定詞。「するために」という意味を表し，この文の動詞 began の〈目的〉を表す。目的を明確にする際に，不定詞を文頭に置くことがある。this は②の前半部分を指す。

・around「～前後に」 ここでは前置詞。

⑧ She also used other features of this software: decorative characters, symbols, and figures.

コロン (:) は「すなわち」という意味を表し，前の語句を言い換えたり，具体的に説明したりするときに用いる。3つ以上の語句を並べる場合は，最後の語句の前に and を置き，A, B(,) and C の形で表す。なお，and の前のコンマは省略可能。

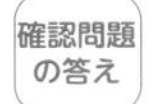

① Seen from
② ビジネス用のソフトウェアとみなされていた表計算ソフトの使い方さえも教えました

LESSON 6

Part 3 Hiroki reads about the game app Ms. Wakamiya created.

教科書 pp.68~69

本文を読もう 意味のまとまりを意識しながら読もう。

①Ms. Wakamiya was disappointed (NW がっかりした) / to find that there were few (ほとんどない) games for seniors. // ②She asked an acquaintance (NW 知人) at an IT (= information technology) company / to create a smartphone game for seniors. // ③He said, / "*You* can do it." // ④She bought many books on programming / and began to learn from them. // ⑤When she had a question, / she asked experts (NW 専門家) by (〜で) e-mail or video chat (NW チャット). //

⑥Finally, / in 2017, / at the age of 81 (KP 〜歳のとき), / Ms. Wakamiya released (NW 〜を公開した，発売した) her game app (アプリ (= application)), hinadan. // ⑦A player simply has to move various *hina* dolls / to their proper (NW 適切な) places. // ⑧This simple app must have attracted (HU 〜を引きつけたにちがいない) many people. // ⑨It has been downloaded (ダウンロードされている) more than 110,000 (= one hundred ten thousand) times / since (〜以来) 2017. //

⑩Ms. Wakamiya knew / that many seniors had difficulty (NW 苦労，困難) swiping (スワイプする) the screen (KP 〜するのに苦労した) / because of (KP 〜のせいで) dry (NW 乾燥した) fingertips (NW 指先). // ⑪Many were also hard of hearing (NW 聴力，聴覚) (KP 耳が遠い). // ⑫Therefore, / hinadan can be controlled (NW 〜を操作される) by tapping (タップする), / and the result is shown not only with sound / but also with text messages (KP AだけでなくBも). //

解説: ①, ⑤, ⑧, ⑨, ⑪, ⑫

読解のポイント

▶ 若宮さんは「hinadan」をどのような経緯で制作したか。

▶ 「hinadan」はどのようなゲームアプリか。

▶ 「hinadan」にはどのように工夫がなされているか。

① Ms. Wakamiya was disappointed to find that there were few games for seniors.

〈感情を表す形容詞＋to＋動詞の原形〉で感情の原因を表すことができ，不定詞は「～して」という意味になる。was disappointed to find ～で「～を知って，がっかりした」という意味を表す。that 節内は there is[are] ～「～がいる，ある」の過去の文。

・few「ほとんどない」 可算名詞を修飾する。不可算名詞を修飾するときは little。

確認問題 ①の英文の訳を完成させなさい。

若宮さんは（　　　　　　　　　　　　　　　　　　　　　　　　　　）。

⑤ When she had a question, she asked experts by e-mail or video chat.

When は「～とき」という〈時〉を表す接続詞。後に〈S + V〉の文が続く。

・by「～で」 通信手段を表す前置詞。by の後は，名詞に a や the などの冠詞をつけない。

⑧ This simple app must have attracted many people.

〈助動詞＋have＋過去分詞〉の形で，過去のことについての推量や後悔・非難を表すことができる。〈must have＋過去分詞〉は「～したにちがいない」という意味を表す。HU

確認問題 日本文に合う英文になるように，____に適する語を書きなさい。

(1) リサがそんなことを言ったはずがありません。

Lisa ______________ ______________ ______________ such a thing.

(2) 私は上着を持ってくるべきでした。

I ______________ ______________ ______________ my jacket.

⑨ It has been downloaded more than 110,000 times since 2017.

has been downloaded は「ダウンロードされている」という〈継続〉を表す受動態の現在完了。downloaded は download の過去分詞形。〈have / has＋been＋過去分詞〉で「ずっと～されている」という意味を表す。It は⑧の This simple app を指す。

・since「～以来」〈継続〉を表す現在完了とよく一緒に使われる。

⑪ Many were also hard of hearing.

Many は代名詞で，⑩の many seniors「多くの高齢者」と同意。

⑫ Therefore, hinadan can be controlled by tapping, and the result is shown not only with sound but also with text messages.

can be controlled は can の後に受動態〈be 動詞＋過去分詞〉がきた形。is shown は〈be 動詞＋過去分詞〉の受動態で，「示される」という意味を表す。

① 高齢者向けのゲームがほとんどないことを知って，がっかりしました
⑧(1) can't have said　(2) should have brought

Part 4 Hiroki introduces Ms. Wakamiya's global activities to the class.

教科書 pp.70~71

本文を読もう 意味のまとまりを意識しながら読もう。

⊙解説 ①Have you heard of Wakamiya Masako? // ⊙解説 ② She is internationally known / as the world's oldest game app developer. // ③ In 2017, / she was invited to an international conference for developers / in California. // ④ There, / she exchanged opinions / about the future of ICT / with other participants. //

KP heard of ～のことを耳にした / NW internationally 国際的に / NW developer 開発者 / NW conference (大規模な)会議 / an international conference for developers 世界開発者会議(= Worldwide Developers Conference) / California カリフォルニア / NW participants 参加者 / ICT 情報通信技術(= Information and Communication Technology)

⑤ In 2018, / Ms. Wakamiya made a keynote speech / at a UN special meeting in New York / on digital technology and the elderly. // ⊙解説 ⑥ Speaking slowly and clearly, / she made herself understood in English. // ⊙解説 ⑦ This is what she said. //

keynote speech 基調演説 / UN 国連(= the United Nations) / NW technology 科学技術

HU SはOをC(～された状態)にした: she (S) made (V) herself (O) understood (C(過去分詞))

> ⑧ **How are digital skills effective for seniors? //**
>
> NW effective 効果的な
>
> ⊙解説 ⑨ 1. Digital skills help seniors be independent. //
>
> ⑩ 2. Digital skills help our relationships / with our families, our communities, and even beyond. //
>
> NW relationships 関係 / NW communities 地域社会(の人々)
>
> ⑪ 3. Digital skills help seniors socialize / and ease the pain of being alone. //
>
> NW ease 〈苦痛など〉を和らげる / NW socialize 社会的活動に参加する
>
> ⑫ 4. Digital skills help seniors / mix with various new types of people. //
>
> NW mix 交流する
>
> ⑬ 5. Digital skills help me make new friends / from overseas. //
>
> ⑭ 6. Digital devices help seniors be creative. //
>
> NW creative 創造力豊かな
>
> ⑮ 7. Digital devices help us *enjoy* more. //

読解のポイント

▶ 若宮さんは世界開発者会議で何をしたか。
▶ 若宮さんの基調演説はどのような内容だったか。

① Have you heard of Wakamiya Masako?

Have you heard of は「(今までに)～について聞いたことはあるか」という〈経験〉を表す現在完了。heard は hear の過去分詞形。〈Have / Has＋主語＋過去分詞～?〉で「(今までに)～したことはあるか」という意味を表す。

・hear of「～のことを耳にする」 完了形でよく用いられる。

② She is internationally known as the world's oldest game app developer.

〈be 動詞＋過去分詞〉の形の受動態が使われている。known は know「～を知っている」の過去分詞形。ここでは know ～ as ...「～を…として知る」が be known as という受動態の形で用いられている。oldest は形容詞 old「高齢の」の最上級。oldest の前に the world の所有格 the world's がついている。

②の英文の訳を完成させなさい。
彼女は（　　　　　　　　　　　　　　　　　　　　　　　　）。

⑥ Speaking slowly and clearly, she made herself understood in English.

Speaking slowly and clearly は現在分詞(～ing)で始まる分詞構文。分詞構文はさまざまな意味を表すが，ここでは「～して，そして…」という〈動作の連続〉を表している。

主節は，〈SVOC〉の文。she が主語(S)，made が動詞(V)，herself が目的語(O)，understood が補語(C)。〈make＋O＋過去分詞〉で「O を～された状態にする」という意味を表す。 HU

⑦ This is what she said.

what は先行詞を含む関係代名詞で「～すること[もの]」という意味を表し，what she said で「彼女の言ったこと」という意味になる。This は⑧～⑮を指す。

⑨ Digital skills help seniors be independent.

〈help＋O＋動詞の原形〉で「O が～するのを手助けする」という意味を表す。ここでは動詞の原形に be 動詞の原形の be がきている。なお，動詞の原形ではなく to- 不定詞を置いてもよい。

日本文に合う英文になるように，（　）内の語を並べかえなさい。
私は姉が昼食を作るのを手伝いました。
I (lunch / sister / helped / my / make).

確認問題の答え
② 世界最高齢のゲームアプリ開発者として，国際的に知られています
⑨ helped my sister make lunch

LESSON 6

文法のまとめ

A 補語として働く分詞

1. SVC（C＝現在分詞／過去分詞）

He *kept* **telling** me about his trip to Hawaii.
S V C（＝現在分詞）
彼は私に自分のハワイ旅行について**語り**続けた。

The gate *remained* **closed** all day.
S V C（＝過去分詞）
門は1日中**閉じられた**ままだった。

※主語(S)＝補語(C)の関係になる。

He *remained* **seated** for a long time.
彼は長時間**座った**ままだった。

2. SVOC（V＝使役動詞：make, have など，C＝過去分詞）「Oを～してもらう，～させる」「Oを～される」

I *had* my umbrella **repaired** last week.
S V O C
私は先週傘を修理してもらった。

Can you *make* yourself **understood** in English?
S V O C
(英語で自分の言うことを理解させることができますか→)
英語で理解してもらう(→話を通じさせる)ことができますか。

I *had* my umbrella **stolen** last week.
S V O C
私は先週，傘を盗まれた。

She *had* her hair **cut** yesterday.
彼女は昨日髪を切ってもらった。

演習問題

1 次の（　）内の語を適する形にかえて，空所に書きなさい。

(1) He had his photo ＿＿＿＿＿ on the stage.　(take)
(2) She kept ＿＿＿＿＿ hard and finally passed the exam.　(study)
(3) I can make myself ＿＿＿＿＿ in English.　(understand)
(4) The door remained ＿＿＿＿＿ all day.　(lock)

2 次の英文を日本語にしなさい。

(1) I had my wallet stolen on the train.
(　　　　　　　　　　　　　　　　　　　　　　　　)
(2) I kept sleeping till noon.
(　　　　　　　　　　　　　　　　　　　　　　　　)
(3) He had his hotel room cleaned.
(　　　　　　　　　　　　　　　　　　　　　　　　)

3 次の日本文に合う英文になるように，（　）内の語句を並べかえて全文を書きなさい。

(1) 私は私のコンピュータを修理してもらいました。
(had / my computer / repaired / I).

＿＿＿＿＿＿＿＿＿＿＿＿＿＿＿＿＿＿＿＿＿＿＿＿

(2) 彼女は1時間走り続けました。
(running / for / she / one hour / kept).

＿＿＿＿＿＿＿＿＿＿＿＿＿＿＿＿＿＿＿＿＿＿＿＿

(3) 騒音のせいで，話を聞いてもらえませんでした。
Due to the noise, (not / make / I / could / heard / myself).

＿＿＿＿＿＿＿＿＿＿＿＿＿＿＿＿＿＿＿＿＿＿＿＿

演習問題の答え　**1**(1) taken　(2) studying　(3) understood　(4) locked　**2**(1) 私は電車で財布を盗まれた。 (2) 私は正午まで眠り続けた。 (3) 彼はホテルの部屋を掃除してもらった。 **3**(1) I had my computer repaired.　(2) She kept running for one hour.　(3) Due to the noise, I could not make myself heard. ▶「言うことを聞かせることができない」→「話を聞いてもらえない」

B 過去分詞を使って，情報を付け加える — 受動態の分詞構文

「～なので」（理由）

Written in simple English, this book is for beginners.

Being written の Being は通常省略される

やさしい英語で**書かれているので**，この本は初心者向けだ。

※過去分詞で始まる語句が副詞として働き，「付帯状況・時・理由」などを表す。

例文

Asked by my friends, I taught them English.

友だちに**頼まれたので**，私は彼らに英語を教えた。

C 過去のことについて推量したり，後悔・非難したりする —〈助動詞 + have + 過去分詞〉

助動詞　have ＋過去分詞

He **must** ***have been*** rich when he was young.

彼は若いころ金持ち**だったにちがいない**。

助動詞＋ not　have ＋過去分詞

Lucy **can't** ***have forgotten*** her promise.

ルーシーが約束を**忘れたはずがない**。

助動詞　have ＋過去分詞

It's rainy today. We **should** ***have visited*** Nara last week.

今日は雨だ。先週奈良を**訪れるべきだった**。

例文

He **may** ***have been*** lost in the mountain.

彼は山の中で**迷ったかもしれない**。

She **would** ***have gone*** to bed early last night.

彼女は昨夜早く**寝ただろう**。

You **need not** ***have eaten*** all of the dishes.

あなたはすべての料理を**食べる必要はなかったのに**。

演習問題

1 次の（　）内の語を適する形にかえて，空所に書きなさい。ただし１語とは限りません。

(1) ＿＿＿＿＿ from here, the bridge looks small.　(see)
(2) ＿＿＿＿＿ by Yuka, I lent her my book.　(ask)
(3) You should ＿＿＿＿＿ harder yesterday.　(study)

2 次の英文を日本語にしなさい。

(1) He must have been tired last night.
(　　　　　　　　　　　　　　　　　　　　)
(2) Sung by the famous singer, the song became very popular.
(　　　　　　　　　　　　　　　　　　　　)
(3) Born in New York, I can speak English well.
(　　　　　　　　　　　　　　　　　　　　)
(4) He can't have told me a lie.
(　　　　　　　　　　　　　　　　　　　　)

3 次の日本文に合う英文になるように，（　）内の語句を並べかえて全文を書きなさい。

(1) 私が間違った番号に電話をかけたはずがありません。
(can't / I / wrong / the / called / number / have) .

＿＿＿＿＿＿＿＿＿＿＿＿＿＿＿＿＿＿＿＿＿＿＿＿

(2) やさしい日本語で書かれているので，その本は多くの人に読まれました。
(in / was / Japanese / by / read / the book / easy / written / ,) many people.

＿＿＿＿＿＿＿＿＿＿＿＿＿＿＿＿＿＿＿＿＿＿＿＿

(3) あなたは昨日歯医者に診てもらうべきでした。
(you / a dentist / should / seen / have) yesterday.

＿＿＿＿＿＿＿＿＿＿＿＿＿＿＿＿＿＿＿＿＿＿＿＿

演習問題の答え **1**(1) Seen　(2) Asked　(3) have studied　**2**(1) 昨夜，彼は疲れていたにちがいない。 (2) 有名な歌手に歌われたので，その歌はとても人気になった。 (3) ニューヨークで生まれたので，私は英語を上手に話すことができる。▶ Being born の Being が省略されている。 (4) 彼が私にうそをついたはずがない。　**3**(1) I can't have called the wrong number.　(2) Written in easy Japanese, the book was read by many people.　(3) You should have seen a dentist yesterday.

Key Phrase のまとめ

(ページ)

64	□ **trial and error**	試行錯誤
	▶ trial は「試行」，error は「誤り，間違い」という意味。	
64	□ **manage to *do***	(どうにか)～することができる
	▶ manage は「～をどうにかやり遂げる」という意味。	
64	□ **be good at *doing***	～することが得意である
	▶ be good at の後には名詞を置く場合もある。「～することが下手である」は be poor at *do*ing で表す。	
66	□ **fill A with B**	A を B で埋める
	▶ A には空間や場所を表す語句を置く。	
68	□ **at the age of**	～歳のとき
	▶ at は「点」を表す前置詞。of の後には年齢を表す数字を置く。	
68	□ **have difficulty *doing***	～するのに苦労する
	▶ difficulty は「苦労，困難」という意味。	
68	□ **because of**	～のせいで
	▶ of の後には直接的な原因や理由を表す語句を置く。	
68	□ **hard of hearing**	耳が遠い
	My grandfather is *hard of hearing*.（私の祖父は耳が遠い）	
68	□ **not only A but also B**	A だけでなく B も
	▶ not は only A にかかるので，文全体での挿入位置に注意する。 He plays *not only* tennis *but also* soccer.（彼はテニスだけでなくサッカーもする）	
70	□ **hear of**	～のことを耳にする
	▶「～について耳にする」という意味で用いる。	

◆ その他の重要表現 ◆

68	□ **be disappointed to *do***	～してがっかりする
	▶ be disappointed at の場合，at の後には名詞を置く。	

演習問題

1 次の日本文に合う英文になるように，空所に適する語を書きなさい。

(1) 私は近所に店がほとんどないことを知って，がっかりしました。
I was _________ _________ find that there were few shops in my neighborhood.

(2) 湯川秀樹のことを耳にしたことがありますか。
Have you _________ _________ Yukawa Hideki?

(3) 多くの高齢者は耳が遠いです。
Many elderly people are _________ _________ _________.

(4) 私の父は60歳のときに退職しました。
My father retired _________ _________ _________ of 60.

(5) 彼はお菓子作りが得意です。
He _________ _________ _________ making sweets.

(6) 私たちはどうにか山の頂上まで登ることができました。
We _________ _________ climb to the top of the mountain.

(7) 私はネコだけでなく犬も飼っています。
I have _________ _________ a cat _________ _________ a dog.

2 次の英文を日本語にしなさい。

(1) After six months of trial and error, she created her own website.
( )

(2) They filled the hole with soil.
( )

(3) I have difficulty falling asleep.
( )

(4) The bridge was broken because of the heavy rain.
( )

(5) I want to eat not only spaghetti but also pizza.
( )

演習問題の答え **1**(1) disappointed to (2) heard of (3) hard of hearing (4) at the age (5) is good at (6) managed to (7) not only, but also **2**(1) 6か月間の試行錯誤の後，彼女は自分自身のウェブサイトを作った。(2) 彼らは穴を土で埋めた。(3) 私は寝付くのに苦労する。(4) その橋は大雨のせいで壊れた。(5) 私はスパゲッティだけでなくピザも食べたい。

定期テスト対策問題

語い・表現

1 次の語で最も強く発音する部分を記号で答えなさい。

□(1) im-pres-sion 〔　　　〕
ア　イ　ウ

□(2) so-cial-ize 〔　　　〕
ア　イ　ウ

□(3) de-vel-op-er 〔　　　〕
ア　イ　ウ　エ

□(4) dif-fi-cul-ty 〔　　　〕
ア　イ　ウ　エ

2 次の日本文に合う英文になるように，空所に適する語を書きなさい。

□(1) 私の姉は料理が得意です。
My sister ＿＿＿＿ ＿＿＿＿ ＿＿＿＿ cooking.

□(2) 私は 10 歳のときにこの町に来ました。
I came to this town ＿＿＿＿ ＿＿＿＿ ＿＿＿＿ ＿＿＿＿ 10.

□(3) 彼は英語だけでなく中国語も話します。
He speaks ＿＿＿＿ ＿＿＿＿ English ＿＿＿＿ ＿＿＿＿ Chinese.

□(4) 私の祖母は耳が遠いです。
My grandmother is ＿＿＿＿ ＿＿＿＿ ＿＿＿＿.

文法

3 次の（　）内の語を適する形にかえて，空所に書きなさい。ただし 1 語とは限りません。

□(1) The door remained ＿＿＿＿ all day. (close)

□(2) ＿＿＿＿ in easy Japanese, the book is popular among children. (write)

□(3) It started raining. I should ＿＿＿＿ my umbrella. (bring)

□(4) Can you make yourself ＿＿＿＿ in English? (understand)

4 次の各組がほぼ同じ内容になるように，空所に適する語を書きなさい。

□(1) Because I was asked by my mother, I went to buy some eggs.
＿＿＿＿ by my mother, I went to buy some eggs.

□(2) I found a beautiful flower and I was looking at the flower for a while.
I found a beautiful flower. I ＿＿＿＿ ＿＿＿＿ at the flower for a while.

□(3) My mother cooked lunch for me.
I ＿＿＿＿ my lunch ＿＿＿＿ by my mother.

5 次の日本文に合う英文になるように，（ ）内の語句を並べかえて全文を書きなさい。

□(1) 彼女がうそをついたはずがありません。
(a lie / can't / told / she / have).

____

□(2) その映画に感動したので，もう一度見ました。
(by / the movie / I / again / it / moved / watched / ,).

____

読解

6 次の英文を読んで，あとの問いに答えなさい。

①(Ask) by her friends and other seniors, Ms. Wakamiya taught them basic computer skills. She even taught them how to use a spreadsheet program, which is usually regarded as software for business. ②To do this, she began to develop a unique form of art when she was around 70.

A spreadsheet has many cells. People usually put numbers or letters in ③them, but Ms. Wakamiya put something else. ④She (　　) cells (　　) different colors to make the image of a flower. She drew a borderline around each cell to create a beautiful pattern. She also used other features of this software: decorative characters, symbols, and figures.

Ms. Wakamiya printed her spreadsheet artworks on paper bags, fans, and covers for books. She also posted pictures of these artworks on her website. They attracted the attention of many people.

□(1) ①の（ ）内の語を適する形にかえて書きなさい。 ________________

□(2) 下線部②の英文を this が指すものを明らかにして日本語にしなさい。
(　　　　　　　　　　　　　　　　　　　　　　　　)

□(3) 下線部③が指すものを本文から抜き出して書きなさい。

____

□(4) 下線部④が「彼女は，花の画像を作るために，さまざまな色でセルを塗りつぶしました」という意味になるように，（ ）に適切な語を入れなさい。
She ________ cells ________ different colors to make the image of a flower.

(5) 次の日本文が本文の内容に合っていれば○を，合っていなければ×を書きなさい。

□(a) 若宮さんは，表計算ソフトを使って新しいソフトウェアを開発しました。〔　　〕

□(b) 若宮さんは，表計算ソフトのアート作品の写真を，自分のウェブサイトに投稿しました。〔　　〕

定期テスト対策問題の解答・解説

1 (1) イ　(2) ア　(3) イ　(4) ア

解説 (1) -sion で終わる単語は，その直前の音節にアクセントがある。

2 (1) is good at　(2) at the age of　(3) not only, but also　(4) hard of hearing

解説 (1)「～することが得意である」は **be good at *doing***。

(2)「～歳のとき」は **at the age of**。

(3)「A だけでなく B も」は **not only A but also B**。

(4)「耳が遠い」は **hard of hearing**。

3 (1) closed　(2) Written　(3) have brought　(4) understood

解説 (1)「ドアは1日中閉じられたままでした」 **SVC(C＝過去分詞)**で表す。「ドア」が主語で「閉じられる」ので，現在分詞ではなく過去分詞で表す。

(2)「やさしい日本語で書かれているので，その本は子どもたちの間で人気です」 the book が主語。受動態の分詞構文を使って，「～なので」という理由を付け加える。

(3)「雨が降ってきた。私は傘を持ってくるべきでした」〈**should＋have＋過去分詞**〉で表す。

(4)「英語で理解してもらう(→話を通じさせる)ことができますか」〈**make＋O＋過去分詞**〉で表す。

4 (1) Asked　(2) kept looking　(3) had, cooked

解説 (1)「母親に頼まれたので，私は卵を買いに行きました」 I が主語。受動態の分詞構文を使って，「～なので」という理由を付け加える。

(2)「私は美しい花を見つけました。私はしばらくの間その花を見続けました」 **SVC(C＝現在分詞)**で表す。「私」が主語で「見る」ので，過去分詞ではなく現在分詞で表す。

(3)「私は母親に昼ご飯を作ってもらった」〈**have＋O＋過去分詞**〉で表す。

5 (1) She can't have told a lie.

(2) Moved by the movie, I watched it again.

解説 (1)「～したはずがない」は〈**can't＋have＋過去分詞**〉で表す。

(2) I が主語。受動態の分詞構文を使って，「～なので」という理由を付け加える。Being moved by the movie, の Being は通常省略される。

6 (1) Asked

(2) 表計算ソフトの使い方を教えるために，彼女は70歳前後に，独特な形態のアートを開発し始めました。

(3) (many) cells

(4) filled, with

(5) (a) × (b) ○

解説 (1) Ms. Wakamiyaが主語なので受動態の分詞構文を使って，「～なので」という理由を付け加える。

(2) thisはその直前の文のShe even taught them how to use a spreadsheet programを指す。

(3) 第2段落第1文参照。

(4) 「AをBで埋める」は**fill A with B**。

(5) (a) 第1段落第2文，第3文参照。若宮さんは，表計算ソフトの使い方を教えるために独特な形態のアートを開発し始めたが，新しいソフトウェアは開発していない。

(b) 第3段落第2文参照。**post**は「投稿する」という意味を表す。

LESSON
7 Learning from Nature

Preview

Introduction

生物模倣がテーマ。大塚雅生さんは航空宇宙工学の知識を活用して，エアコンのファンを設計した。その後，鳥の翼の形を調べ，よりよいファンを開発した。偉大な発明家のなかには，鳥から着想を得て飛行機を開発した人もいる。自然から学ぶことの大切さを読み取り，自然を参考にした製品について調べてみよう。

● Part 別に Summary を完成させよう

Part 1 大塚さんが動物に興味をもつようになったきっかけは何ですか。

大塚さんは大学で身につけた専門知識を活用して，新しいエアコンのファンを設計した。その設計は風量を劇的に増やしたが，彼はよりよいファンを開発する別のアイデアを思いつくことができなかった。しかし，気分転換のために参加した（　(1)　）の会合で，動物についての（　(2)　）事実をたくさん学ぶこととなった。

Part 2 大塚さんのチームは動物を模倣してどのような部品を開発しましたか。

大塚さんは新たな発想を得て，さまざまな鳥の（　(3)　）の形を調べ，新しいファンのアイデアを得た。また，大塚さんのチームはイルカの（　(4)　）のように動く洗濯機のパルセーターや，毛づくろいをするときのネコの（　(5)　）のように機能する掃除機のごみ圧縮ブレードを考案した。

Part 3 大塚さんが自然から学んだことは何ですか。

自然から学ぶことは，効率だけでなく，（　(6)　）にもつながる。大塚さんは（　(7)　）を続け，（　(8)　）の羽の形を模倣することで，新しい扇風機の羽根を開発した。自然界には（　(9)　）なものや不自然なものはなく，技術者は自然の法則を尊重する必要がある，と大塚さんは考えている。

Part 4 発明家たちは飛行機を開発するために鳥から何を学びましたか。

（　(10)　）のなかには，鳥から学ぶことによって飛行機を開発したことで知られている人もいる。レオナルド・ダ・ヴィンチは，鳥のさまざまな飛行パターンを（　(11)　）し，分析した。二宮忠八は，（　(12)　）を観察し，それが翼を羽ばたかせることなく飛ぶことができるということを発見した。ウィルバー・ライトとオーヴィル・ライトは，鳥の（　(13)　）を調査し，翼の角度を変えることでバランスを保つということに気づいた。

Grammar

A 省略

When young, Otsuka Masaki loved to make paper planes.　〈Part 1, *l*.1〉

若い頃，大塚雅生さんは紙飛行機を作るのが大好きでした。

＊「時」「条件」を表す接続詞 (when, while, if) の後の〈主語＋ be 動詞〉は，主節と主語が同じときに省略されることがある。

B 動名詞の意味上の主語を示す

Otsuka was confident of *his team's* **finding** fresh ideas in nature.　〈Part 2, *l*.5〉

大塚さんは，彼のチームが自然から斬新なアイデアを**見つけること**を確信していました。

C 未来のある一時点で進行中の動作を述べる ― 未来進行形〈will be ～ing〉

In my team, we **will be doing** our best to improve human lives by learning from nature.　〈Part 3, *l*.13〉

私のチームでは自然から学ぶことによって，人間の生活を向上させるために，最善を**尽くしているでしょう**。

D 文全体の動詞よりも以前の「時」を表す ― 完了形の不定詞〈to have ＋過去分詞〉

Some inventors *are known* **to have developed** airplanes by learning from birds.　〈Part 4, *l*.1〉

発明家のなかには，鳥から学ぶことによって飛行機を**開発した**ことで知られている人もいます。

● Summary 完成問題の答え ⟹ (1) 動物研究者　(2) 驚くべき　(3) 翼　(4) 尾びれ　(5) 舌　(6) 快適さ　(7) 研究　(8) 蝶　(9) 不必要　(10) 発明家　(11) スケッチ　(12) カラス　(13) 飛行

LESSON 7

Part 1 Nana reads about a company engineer who became interested in animals.

教科書 pp.78～79

本文を読もう　意味のまとまりを意識しながら読もう。

①When young, / Otsuka Masaki loved to make paper planes. // ②At college, / he studied aerospace engineering. // ③After graduation, / he joined an electronics company in Osaka. // ④There, / he used the specialized knowledge / that he acquired at college / to design a new air conditioner fan. // ⑤His design dramatically increased the flow of air. //

（解説　HU When young: he was の省略　Otsuka Masaki: 大塚雅生　aerospace engineering: 航空宇宙工学　NW graduation: 卒業　electronics company: 電機メーカー　NW specialized: 専門化した　fan: ファン　NW flow: 流れ）

⑥After this success, / however, / he could not think of another idea / to develop an even better fan. // ⑦He felt depressed for some time. // ⑧Therefore, / just for a change, / he decided to attend a meeting of animal researchers. // ⑨He found a completely new world there. //

（解説　NW success: 成功　think of: ～を思いつく　even better: よりよい　NW depressed: 落ち込んで　KP for some time: しばらくの間　KP for a change: 気分転換に　NW attend: ～に参加する　NW researchers: 研究者）

⑩At the meeting, / he learned many astonishing facts about animals. // ⑪For example, / a dolphin has only small muscles, / but it can swim at 50 km/h. // ⑫Also, / an albatross flies more efficiently / than any man-made airplane. //

（解説　NW astonishing: 驚くべき　For example: たとえば　NW muscles: 筋肉　km/h: (= kilometers per hour)　albatross: アホウドリ）

読解のポイント

- 大塚さんにはどのような経歴があるか。
- 大塚さんの転機は何だったか。
- 大塚さんが動物研究者の会合で学んだことは何か。

① When young, Otsuka Masaki loved to make paper planes.

時・条件などを表す接続詞の後の〈S + be 動詞〉は，S が主節の主語と同じ場合に省略することができる。ここでは Otsuka Masaki が主節の主語で，When の後の he was が省略されている。HU

日本文に合う英文になるように，____に適する語を書きなさい。
あなたは食べている間，テレビを見てはいけません。
________ ________, you must not watch TV.

④ There, he used the specialized knowledge that he acquired at college to design a new air conditioner fan.

the specialized knowledge that he acquired at college が used の目的語。that he acquired at college は先行詞 the specialized knowledge を修飾する関係代名詞節。先行詞が〈物・事〉を表すとき，目的格の関係代名詞は that[which] を使う。目的格の関係代名詞は省略されることが多い。to design は〈to + 動詞の原形〉の形で，副詞的用法の不定詞。「設計するために」という意味を表し，文の動詞 used の〈目的〉を表す。

・specialized「専門化した」 動詞は specialize「専攻する」。

日本文に合う英文になるように，(　) 内の語句を並べかえなさい。
これは彼女が書いた本ですか。
(that / is / the book / wrote / this / she)?

⑥ After this success, however, he could not think of another idea to develop an even better fan.

this success は⑤を指す。

・even better「よりよい」〈even + 比較級〉の形で比較級を強調している。

⑪ For example, a dolphin has only small muscles, but it can swim at 50 km/h.

・for example「たとえば」 後に例が示される。

it は前半の a dolphin を指す。

⑫ Also, an albatross flies more efficiently than any man-made airplane.

more efficiently は副詞 efficiently の比較級。-ly で終わる副詞には前に more をつけて比較級を作る。

⑫の英文の訳を完成させなさい。
また，アホウドリは (　　　　　　　　　　　　　　　　　　)。

確認問題の答え
① While[When] eating　④ Is this the book that she wrote
⑫ どんな人工の飛行機よりも効率的に飛びます

LESSON 7

Part 2 Nana reads how Otsuka's team developed parts for electrical appliances by imitating animals.

教科書 pp.80 ～ 81

本文を読もう　意味のまとまりを意識しながら読もう。

➲解説

① With new inspiration, / Otsuka examined the form of various birds' wings, /

NW (すばらしい)発想　NW ～を調査した

➲解説　NW 屋外の，野外の　NW ユニット

which gave him an idea for a new fan. // ② When it was fitted in the outdoor unit / of

室外機ユニット

an air conditioner, / this fan consumed less electricity. //

NW ～を消費した

➲解説　HU 彼のチームが

③ Otsuka was confident / of his team's finding fresh ideas in nature. // ④ In fact, /

NW 確信している　見つけること　自然　KP 実際

his team continued designing parts / for electrical appliances / by imitating various

NW 電動の，電気に関する　NW ～を模倣する

パルセーター

animals. // ⑤ For example, / they developed a pulsator fin / for a washing machine. //

洗濯機

➲解説　ひれ

⑥ It works like a dolphin's tail fin. // ⑦ It gives additional washing power / and uses

～のように働く　NW 尾　NW 追加の，付加的な

NW ほこり，ちり　NW 刃，ブレード

less electricity. // ⑧ They also invented a dust compression blade / for a vacuum

ごみ圧縮ブレード

先のとがったもの

cleaner. // ⑨ It has many small spikes, / and it works like a cat's tongue / as the cat

NW 舌

NW 毛　➲解説　NW 堅い　NW かたまり

grooms its fur. // ⑩ It compresses the collected trash into a firm mass, / which is

NW ～の毛づくろいをする　～を圧縮する　集めた　NW ごみ

easy to throw away. //

読解のポイント

▶ 大塚さんは新しいファンを開発するために何からアイデアを得たか。

▶ 大塚さんのチームは動物を模倣してどのような部品を設計したか。

① With new inspiration, Otsuka examined the form of various birds' wings, which gave him an idea for a new fan.

関係代名詞の前にコンマがある形を継続用法という。ここでは，the form of various birds' wings が先行詞で，which 以下で補足的な説明をしている。

①の英文の訳を完成させなさい。
新たな発想を得て，大塚さんは（　　　　　　　　　　　　　）。

② When it was fitted in the outdoor unit of an air conditioner, this fan consumed less electricity.

When は「～とき」という〈時〉を表す接続詞。後に〈S + V〉の文が続く。when 節の中では〈be 動詞＋過去分詞〉の形の受動態が使われている。fitted は fit「～を取りつける」の過去分詞形。it は①の a new fan を指す。

・outdoor「屋外の，野外の」 反対の意味は indoor「屋内の」。

③ Otsuka was confident of his team's finding fresh ideas in nature.

動名詞の意味上の主語を表すときは，動名詞の直前に置き，所有格または目的格で表す。ここでは，his team's が意味上の主語になっている。なお，his team と表してもよい。HU

・nature「自然」「自然界」の意味では無冠詞で使う。

日本文に合う英文になるように，＿＿に適する語を書きなさい。
窓を開けてもかまいませんか。
Do you mind ＿＿＿＿＿＿＿ ＿＿＿＿＿＿＿ the window?

⑥ It works like a dolphin's tail fin.

It は⑤の a pulsator fin を指す。

・work like「～のように働く」 like は「～のように」という意味の前置詞で，後に名詞が続く。

⑩ It compresses the collected trash into a firm mass, which is easy to throw away.

関係代名詞の継続用法。ここでは，先行詞の a firm mass を which 以下で補足的に説明している。関係代名詞節の中は〈S + be 動詞＋形容詞＋ to *do*〉の形で，「S は～するのが…だ」という意味を表す。

・collected「集めた」 collect の過去分詞形で，trash「ごみ」を修飾している。

LESSON 7

① さまざまな鳥の翼の形を調べ，新しいファンのアイデアを得ました　③ me[my] opening

Part 3 Nana reads about Otsuka's learning from nature.

教科書 pp.82～83

本文を読もう 意味のまとまりを意識しながら読もう。

⊙解説
① Learning from nature contributes / not only to efficiency / but also to comfort. //
～につながる　NW 効率　NW 快適さ

⊙解説
② For example, / people want an electric fan / to create a powerful but comfortable wind. //
扇風機

⊙解説　NW 特定の
③ Continuing his research, / Otsuka paid attention to a particular type of butterfly / that flies 2,000 kilometers / without flapping its wings much. //
NW 研究　～に注目した　NW 蝶（ちょう）　NW ～を羽ばたかせる

④ By imitating the form of the butterfly's wings, / Otsuka's team developed new blades for an electric fan. //

⊙解説
⑤ These blades cool you with a wind / that is both strong and gentle / at the same time. //
～を冷やす　KP 同時に

NW 流行　⊙解説
⑥ Imitating nature is a growing trend / among engineers. // ⑦ "There is nothing unneeded and unnatural / in nature," / Otsuka says. // ⑧ "Engineers, / therefore, / need to respect the laws of nature. //
NW 増加する　NW 不必要な

⊙解説　HU 最善を尽くしているでしょう
⑨ In my team, / we will be doing our best / to improve human lives / by learning from nature." //

読解のポイント

▶ 自然からの学びは何につながるか。

▶ 大塚さんは蝶の羽の形を模倣することで，どのような扇風機の羽根を開発したか。

▶ 大塚さんは自然から学ぶことについてどのように話しているか。

① Learning from nature contributes not only to efficiency but also to comfort.

Learning「学ぶこと」は動名詞。from nature を伴って，文の主語になっている。

② For example, people want an electric fan to create a powerful but comfortable wind.

〈want + O + to- 不定詞〉は「O が～することを望む」という意味を表す。O は to- 不定詞の意味上の主語になるので，to create... という動作を行うのは an electric fan であることに注意する。

③ Continuing his research, Otsuka paid attention to a particular type of butterfly that flies 2,000 kilometers without flapping its wings much.

Continuing his research は現在分詞(～ing)で始まる分詞構文。ここでは「～して，そして…」という意味で，〈動作の連続〉を表す。that flies 2,000 kilometers without flapping its wings much は，先行詞 a particular type of butterfly を修飾する関係代名詞節。先行詞が〈物〉を表すとき，主格の関係代名詞は that[which] を使う。

⑤ These blades cool you with a wind that is both strong and gentle at the same time.

that is both strong and gentle at the same time は，先行詞 a wind を修飾する関係代名詞節。先行詞が〈物〉を表すとき，主格の関係代名詞は that[which] を使う。

・cool「～を冷やす」 ここでは他動詞。形容詞形も同じく cool。

⑦ "There is nothing unneeded and unnatural in nature," Otsuka says.

There is[are] ～ . の文。nothing unneeded and unnatural は「不必要なものや不自然なものはない」という意味を表す。nothing のように -thing で終わる単語を形容詞で修飾するときは〈-thing +形容詞〉になることに注意する。

⑨ In my team, we will be doing our best to improve human lives by learning from nature.

will be doing は〈will do〉の未来進行形で，未来のあるときにおいて進行中の動作を表す。HU

・do *one*'s best「最善を尽くす」

⑨の英文の訳を完成させなさい。

私のチームでは自然から学ぶことによって，(　　　　　　　　　　　　)。

LESSON 7

⑨ (私たちは)人間の生活を向上させるために最善を尽くしているでしょう

Part 4 Nana makes a presentation about the history of airplane development.

教科書 pp.84～85

本文を読もう　意味のまとまりを意識しながら読もう。

① Hello, everyone. // ② Some inventors (NW 発明家) are known (知られている) (▶解説) to have developed (HU 開発した) airplanes / by learning from birds. // ③ Today I would like to introduce three examples. //

④ Please look at the table. //

⑤ Inventor	⑥ Research	⑦ Achievement (NW 功績，業績)
⑧ Leonardo da Vinci (レオナルド・ダ・ヴィンチ) (1452-1519)	⑨・Sketched (NW ～をスケッチした) and analyzed various flying patterns of birds	⑩・Had a basic idea / for an airplane / (around 1505)
⑪ Ninomiya Chuhachi (二宮忠八) (1866-1936)	⑫・Observed (NW ～を観察した) a crow (NW カラス) ⑬・Found that it could fly / without flapping its wings (▶解説)	⑭・Succeeded in flying (～に成功した) (▶解説) / a rubber-band-powered (ゴム動力の) model plane / (1891)
⑮ Wilbur Wright (ウィルバー・ライト) (1867-1912) / ⑯ Orville Wright (オーヴィル・ライト) (1871-1948)	⑰・Examined bird flight (NW 飛行) ⑱・Observed that birds kept their balance / by changing the angle (NW 角度) of their wings	⑲・Succeeded in flying an engine-powered, (エンジン動力の) / manned (NW 有人の) airplane / (1903)

⑳ As you see, / great engineers have observed nature / and shown their respect by imitation. (▶解説) // ㉑ Of course, / the history of airplane development / has not ended yet (まだ). (▶解説) //

㉒ In the near future, / we will be flying much (はるかに) faster and farther / with less energy. (▶解説) //

㉓ Thank you for your attention. //

読解のポイント

▶ 発明家が自然から学んで飛行機を開発した例にはどのようなものがあるか。

▶ 飛行機開発の今後の展望はどのようなものか。

⑫ Some inventors are known to have developed airplanes by learning from birds.

to have developed は〈to have ＋過去分詞〉の完了形の不定詞で，文全体の動詞 are known よりも以前の「時」を表している。are known は，〈be 動詞＋過去分詞〉の形の受動態が使われている。known は know「～を知っている」の過去分詞形。HU

・inventor「発明家」 動詞 invent「～を発明する」の語尾に -or をつけて「～する人」という意味を表す。

日本文に合う英文になるように，（ ）内の語句を並べかえなさい。
ジョンは風邪をひいたようです。
John (to / a cold / caught / seems / have).

⑬ Found that it could fly without flapping its wings

〈find ＋ that 節〉で「～を発見する」という意味を表す。この that は「～ということ」という意味の接続詞で，後に〈S ＋ V〉の文が続く。it は⑫の a crow を指す。

⑭ Succeeded in flying a rubber-band-powered model plane (1891)

・succeed in「～に成功する」 ここでは succeed は自動詞で，前置詞 in の後に動名詞がきている。

⑳ As you see, great engineers have observed nature and shown their respect by imitation.

have observed は「観察してきた」, have shown は「表してきた」という〈継続〉を表す現在完了。それぞれ observed は observe, shown は show の過去分詞形。〈have / has ＋過去分詞〉で「ずっと～している」という意味を表す。

㉑ Of course, the history of airplane development has not ended yet.

has not ended は「終わっていない」という〈完了・結果〉を表す現在完了。ended は end の過去分詞形。〈have / has not ＋過去分詞～ yet〉で「まだ～していない」という意味を表す。

・yet「まだ」 否定文では「まだ～ない」，疑問文では「もう～したか」という意味を表す。

㉑の英文の訳を完成させなさい。
もちろん，（　　　　　　　　　　　　　　　　　　　　　　　　）。

㉒ In the near future, we will be flying much faster and farther with less energy.

will be flying は〈will be ～ing〉の未来進行形で，「飛んでいるでしょう」という意味を表す。

・much「はるかに」 比較級・最上級を修飾して「はるかに，ずっと」という意味を表す。

確認問題の答え
⑫ seems to have caught a cold　㉑ 飛行機開発の歴史はまだ終わっていません

LESSON 7

文法のまとめ

A 省略

she is が省略されている

While △ driving, she always listens to music.

「時」「条件」を表す接続詞

彼女は運転中いつも音楽を聞きます。

例文

When young, he couldn't speak English.

彼は若い頃英語を話すことができなかった。

B 動名詞の意味上の主語を示す

動名詞の意味上の主語

I don't like *my brother('s)* **playing** video games.

S V S' V'

私は弟がテレビゲームを**するの**が好きではない。

動名詞の意味上の主語

We don't mind *him*[*his*] **attending** the meeting.

S V S' V'

彼が会議に**出席するの**はかまいません。

※動名詞の意味上の主語は，目的格(my brother, himなど)または所有格(my brother's，his など)で表す。所有格は堅い言い方。

例文

I was confident of *his team's* **winning**.

私は彼のチームが**勝つの**を確信していた。

I'm proud of *them* **having passed** the exam.

私は彼らがその試験に**合格したの**を誇りに思っている。

演習問題

1 次の（　）内から適する語句を選んで，空所に書きなさい。

(1) While (walk / to walk / walking), I sometimes sing. ＿＿＿＿

(2) I like him (working / work / worked) hard. ＿＿＿＿

(3) My parents don't mind (I / my / myself) staying up late. ＿＿＿＿

(4) When (eat / to eat / eating), you should not speak. ＿＿＿＿

2 次の英文を日本語にしなさい。

(1) I like him driving the car carefully.
(　　　　　　　　　　　　)

(2) I don't like my sister's biting her nails.
(　　　　　　　　　　　　)

(3) When young, my grandfather traveled around the world.
(　　　　　　　　　　　　)

3 次の日本文に合う英文になるように，(　) 内の語句を並べかえて全文を書きなさい。

(1) 彼がダンスクラブに加わるのはかまいません。
(don't / joining / the dance club / we / his / mind).

＿＿＿＿＿＿＿＿＿＿＿＿＿＿＿＿

(2) 私は私の兄が試験に合格することを確信していました。
(was / my brother's / I / confident / passing / of) the exam.

＿＿＿＿＿＿＿＿＿＿＿＿＿＿＿＿

(3) 彼は音楽を聞いている間はいつも目を閉じています。
(listening / music / while / closes / his / to / he / eyes / always / ,).

＿＿＿＿＿＿＿＿＿＿＿＿＿＿＿＿

演習問題の答え **1**(1) walking ▶ 接続詞 while の後の I am が省略されている。 (2) working ▶ 目的格が動名詞の意味上の主語になっている。 (3) my ▶ 所有格が動名詞の意味上の主語になっている。 (4) eating **2**(1) 私は彼が注意深く車を運転するのが好きだ。 (2) 私は姉[妹]が爪をかむのが好きではない。 (3) 私の祖父は若い頃世界中を旅した。 **3**(1) We don't mind his joining the dance club. (2) I was confident of my brother's passing the exam. (3) While listening to music, he always closes his eyes.

C 未来のある一時点で進行中の動作を述べる — **未来進行形〈will be ~ing〉**

「(未来のある一時点で)～している」

I **will[I'll] be flying** to Paris this time tomorrow.

未来のある一時点

明日の今ごろ私は飛行機でパリへ**向かっているだろう**。

※未来のことを表すI will fly to Paris tomorrow. よりも予定が確実であるニュアンスを伝えることができる。

例文

I **will be living** in New York this time next year.

来年の今ごろ私はニューヨークに**住んでいるだろう**。

D 文全体の動詞よりも以前の「時」を表す — **完了形の不定詞〈to have + 過去分詞〉**

Ann *seems* **to have been** a good swimmer.

現在 / 以前の時

アンは泳ぎが上手**だった**ようだ。

cf. Ann *seems* **to be** a good swimmer.

現在 / 現在

アンは泳ぎが上手**である**ようだ。

He *is known* **to have developed** the new game app.

彼はその新しいゲームアプリを**開発した**ことで知られている。

演習問題

1 次の日本文に合う英文になるように，空所に適する語を書きなさい。

(1) 明日の今ごろ私は友人とテニスをしているでしょう。
I ＿＿＿＿＿ ＿＿＿＿＿ ＿＿＿＿＿ tennis with my friends this time tomorrow.

(2) 彼女は若い頃教師だったようです。
She seems to ＿＿＿＿＿ ＿＿＿＿＿ a teacher when she was young.

(3) 彼はその美術館を設計したことで知られています。
He is known ＿＿＿＿＿ ＿＿＿＿＿ ＿＿＿＿＿ the museum.

2 次の英文を日本語にしなさい。

(1) She seems to have caught a cold.
(　　　　　　　　　　　　　　　　　　　　　　　　　)

(2) My brother is known to have won the dance contest prize.
(　　　　　　　　　　　　　　　　　　　　　　　　　)

(3) I'll be having dinner with him this time next week.
(　　　　　　　　　　　　　　　　　　　　　　　　　)

3 次の日本文に合う英文になるように，(　) 内の語句を並べかえて全文を書きなさい。

(1) 私たちは来年の今ごろ試験の準備をしているでしょう。
(for / an exam / will / we / preparing / be) this time next year.

＿＿＿＿＿＿＿＿＿＿＿＿＿＿＿＿＿＿＿＿＿＿＿＿＿＿＿＿＿＿

(2) その会社は新しい扇風機を開発したことで知られています。
(known / is / the company / to / developed / have) a new electric fan.

＿＿＿＿＿＿＿＿＿＿＿＿＿＿＿＿＿＿＿＿＿＿＿＿＿＿＿＿＿＿

(3) 彼女が到着する頃私は空港で待っているでしょう。
(at / will / waiting / I / the airport / her / be / for) when she arrives.

＿＿＿＿＿＿＿＿＿＿＿＿＿＿＿＿＿＿＿＿＿＿＿＿＿＿＿＿＿＿

演習問題の答え **1**(1) will be playing　(2) have been　(3) to have designed　**2**(1) 彼女は風邪をひいたようだ。(2) 私の兄[弟] はダンスコンテストの賞を獲得したことで知られている。(3) 来週の今ごろ私は彼と夕食をとっているだろう。　**3**(1) We will be preparing for an exam this time next year.　(2) The company is known to have developed a new electric fan.　(3) I will be waiting for her at the airport when she arrives.

Key Phrase のまとめ

(ページ)

78	□ **for some time** しばらくの間 ▶ for a while も同義。 He was irritated *for some time*.（彼はしばらくの間，いらいらしていた）
78	□ **for a change** 気分転換に ▶ change は「変化」という意味。「たまには」という意味で for a change を用いる場合もある。 He had a cup of coffee *for a change*.（彼は気分転換にコーヒーを1杯飲んだ）
80	□ **in fact** 実際 ▶述べている話題について，事実の情報を付け加えるときに用いる。 The new product is popular. *In fact*, sales are increasing. （その新商品は人気だ。実際，売上が伸びている）
82	□ **at the same time** 同時に ▶時間的に同じであることを意味するだけではなく，２つ以上の事柄が両立する状態を表すときにも用いる。 I was happy and sad *at the same time*.（私はうれしくて同時に悲しくもあった）

◆ その他の重要表現 ◆

78	□ **think of** ～を思いつく
80	□ **be confident of** ～を確信している ▶ confidentは「自信に満ちた」という意味。be confident aboutも同義。
82	□ **contribute to** ～につながる ▶ toは前置詞なので，後に名詞[動名詞]を置く。 His study *contributed to* the development of the new product. （彼の研究が新しい製品の開発につながった）
82	□ **pay attention to** ～に注目する ▶ toは前置詞なので，後に名詞[動名詞]を置く。

演習問題

1 次の日本文に合う英文になるように，空所に適する語を書きなさい。

(1) ちょっとした気分転換に，私は川沿いを散歩しました。
Just ________ ________ ________, I took a walk along the river.

(2) 彼はしばらくの間，そこに立っていました。
He was standing there ________ ________ ________.

(3) 彼は勇敢で同時に優しくもあります。
He is brave and kind ________ ________ ________ ________.

(4) 彼女はすばらしいアーティストです。実際，彼女はたくさんの賞を受賞しています。
She is a great artist. ________ ________, she won many prizes.

(5) 私たちはその問題に注目しました。
We ________ ________ ________ the problem.

(6) 彼は新しいアイデアを思いつくことができませんでした。
He could not ________ ________ a new idea.

(7) 私は彼が独特な作品を作ることを確信していました。
I was ________ ________ his creating a unique work.

2 次の英文を日本語にしなさい。

(1) The design of the *kimono* is old and new at the same time.
(　　　　　　　　　　　　　　　　　　　　)

(2) I could not speak for some time.
(　　　　　　　　　　　　　　　　　　　　)

(3) I listened to music for a change.
(　　　　　　　　　　　　　　　　　　　　)

(4) Her effort contributed to success.
(　　　　　　　　　　　　　　　　　　　　)

LESSON 7

演習問題の答え **1**(1) for a change　(2) for some time[for a while]　(3) at the same time　(4) In fact　(5) paid attention to　(6) think of　(7) confident of　**2**(1) その着物のデザインは古くて同時に新しくもある。 (2) 私はしばらくの間，話せなかった。 (3) 私は気分転換に音楽を聞いた。 (4) 彼女の努力は成功へとつながった。

定期テスト対策問題

語い・表現

1 次の各組で下線部の発音がほかと異なるものを選び，記号で答えなさい。

□(1) ア success　イ attend　ウ researcher　エ sketch　〔　　〕

□(2) ア angle　イ flap　ウ examine　エ tail　〔　　〕

□(3) ア butterfly　イ outdoor　ウ dust　エ unneeded　〔　　〕

2 次の日本文に合う英文になるように，空所に適する語を書きなさい。

□(1) ちょっとした気分転換に，私は海へ行きました。
Just ________ ________ ________, I went to the sea.

□(2) 実際，彼の映画は人気でした。
________ ________, his movie was popular.

□(3) この果物は苦くて同時に甘くもあります。
This fruit is bitter and sweet ________ the ________ ________.

文法

3 次の（　）内の語を適する形にかえて，空所に書きなさい。ただし1語とは限りません。

□(1) I ________ the school festival this time tomorrow. (enjoy)

□(2) While ________ a bike, you must not use a smartphone. (ride)

□(3) We don't mind ________ joining our team. (he)

□(4) He is known to ________ the picture. (take)

4 次の日本文に合う英文になるように，(　) 内の語句を並べかえて全文を書きなさい。

□(1) 私は彼がピアノを弾くのが好きです。
(like / playing / him / the piano / I).

____

□(2) 私の祖母は料理中いつも歌を歌います。
(always / my grandmother / while / songs / cooking / sings / ,).

____

□(3) その男性は若い頃サッカー選手だったようです。
(have / a soccer player / seems / been / the man / to) when he was young.

____

5 次の日本文を，(　) 内の語句を適する形にかえて使い，英語にしなさい。

□(1) 私は弟が部屋の中を走り回るのが好きではありません。(like, run around)

____

□(2) 私は彼がその窓を開けるのはかまいません。(mind, open)

____

□(3) 来年の今ごろ私はカナダに住んでいるでしょう。(live, next year)

____

読解

6 次の英文を読んで，あとの問いに答えなさい。

With new ①(　　), Otsuka examined the form of various birds' wings, which gave him an idea for a new fan. When it was fitted in the outdoor unit of an air conditioner, this fan ②(　　) less electricity.

③Otsuka (was / of / in / his team's / finding / fresh / confident / ideas / nature). In fact, his team continued designing parts for electrical appliances by ④(imitate) various animals. For example, they developed a pulsator fin for a washing machine. It works like a dolphin's tail fin. It gives additional washing power and uses less electricity. They also invented a dust compression blade for a vacuum cleaner. It has many small spikes, and it works like a cat's tongue as the cat grooms its fur. It compresses the collected trash into a firm mass, which is easy ⑤(throw) away.

(1) 空所①が「発想」，空所②が「～を消費した」という意味になるように，(　) に適切な語を入れなさい。

□① __________　□② __________

□(2) 下線部③が「大塚さんは，彼のチームが自然から斬新なアイデアを見つけることを確信していました」という意味になるように，(　) 内の語句を並べかえて全文を書きなさい。

____

(3) ④⑤の (　) 内の語を適する形にかえて書きなさい。ただし1語とは限りません。

□④ __________　□⑤ __________

(4) 次の日本文が本文の内容に合っていれば○を，合っていなければ×を書きなさい。

□ (a) 大塚さんはさまざまな鳥の翼の形を調べ，新しいファンのアイデアを得ました。〔　　〕

□ (b) 洗濯機のパルセーターにはたくさんの小さな先のとがったものがあります。〔　　〕

定期テスト対策問題の解答・解説

1 (1) **ウ** (2) **エ** (3) **イ**

解説 (1) researcher の e のみ [ɪ]，その他は [e]。

(2) tail の a のみ [e]，その他は [æ]。

(3) outdoor の u のみ [ʊ]，その他は [ʌ]。

2 (1) for a change (2) In fact (3) at, same time

解説 (1)「気分転換に」は **for a change**。

(2)「実際」は **in fact**。

(3)「同時に」は **at the same time**。

3 (1) will be enjoying (2) riding (3) him[his] (4) have taken

解説 (1)「私は明日の今ごろ文化祭を楽しんでいるでしょう」 this time tomorrow という未来の一時点で進行中の動作は未来進行形〈**will be ~ing**〉で表す。

(2)「自転車に乗っている間，スマートフォンを使ってはいけません」 While の後に you are riding が入るが，続く you must not... の主語も you であるため，you are は省略し **riding** にする。

(3)「私たちは彼が私たちのチームに加わるのはかまいません」 文全体の主語は We。動名詞 joining の意味上の主語は目的格または所有格で表すので，**him[his]** にする。

(4)「彼はその写真を撮ったことで知られています」「撮った」のは文全体の動詞 is known よりも過去のことなので，〈**to have ＋ 過去分詞**〉を使って **have taken** にする。

4 (1) I like him playing the piano.

(2) While cooking, my grandmother always sings songs.

(3) The man seems to have been a soccer player when he was young.

解説 (1) 文全体の主語は I。動名詞 playing の意味上の主語は him。

(2) While の後に my grandmother is cooking がくるが，続く my grandmother always sings... の主語も my grandmother であるため，my grandmother is は省略し While cooking で表す。

(3)「サッカー選手だった」のは文全体の動詞 seems よりも過去のことなので，〈**to have ＋ 過去分詞**〉で表す。

5 (1) I don't like my brother[my brother's] running around in the room.
(2) I don't mind him[his] opening the window.
(3) I will be living in Canada this time next year.

解説 (1) 文全体の主語はI。「走り回る」の意味上の主語は目的格または所有格で表すので，**my brother[my brother's]** にする。また，run は like の目的語となるので running と動名詞にする。
(2) 文全体の主語はI。「開ける」の意味上の主語は目的格または所有格で表すので，**him[his]** にする。また，open は mind の目的語となるので opening と動名詞にする。
(3) this time next year という未来の一時点で進行中の動作は未来進行形〈**will be ~ing**〉で表す。

6 (1) ① inspiration ② consumed
(2) Otsuka was confident of his team's finding fresh ideas in nature.
(3) ④ imitating ⑤ to throw
(4) (a) ○ (b) ×

解説 (1) ① 「発想」は **inspiration**。
② 「〜を消費した」は **consumed**。
(2) 「〜を確信している」は **be confident of**。「見つける」の意味上の主語は「彼のチーム」なので，**his team's finding** の形にする。
(3) ④ 直前に by があるので，**imitating** の形にして「模倣して」という意味にする。
⑤ **easy to *do*** で「〜しやすい」という意味を表す。
(4) (a) 第1段落第1文参照。
(b) 第2段落第7文参照。It が指しているのは **a dust compression blade**「掃除機のごみ圧縮ブレード」。

LESSON
8 The Wisdom of Preserving Food

Preview

Introduction

食品の保存がテーマ。古い時代から日本の人々は，乾燥させることで食品を保存してきた。食品の保存性を高める方法としては，その他にも，くん製や，砂糖や塩，酢，油に漬けるなどがある。さらに，びん詰めや缶詰め，発酵もある。

● Part 別に Summary を完成させよう

Part 1 乾燥食品にはどのようなメリットがありますか。

縄文時代から日本の人々は，乾燥させることで食品を（　(1)　）してきた。天日干しは食品の含水量を10%未満に（　(2)　）ため，食品は腐らず長もちする。また，こうした乾燥食品は軽くてほとんど場所をとらないうえ，（　(3)　）を浴びることで，ビタミンやその他の（　(4)　）はさらに増え，豊かな香りとうま味を出す。

Part 2 世界にはどのような食品保存方法がありますか。

食品を保存するには，食品をくん製にしたり，砂糖や塩，（　(5)　），油で処理することもできる。また，1804年，フランスの料理人ニコラ・アペールが，食品をびんの中で加熱し（　(6)　）する方法を発明した。さらに，1810年には，イングランドの（　(7)　）であったピーター・デュランドが，食品を缶詰めにする方法を発明した。

Part 3 日本の発酵食品にはどのようなものがありますか。

日本人は，醤油，味噌，納豆，漬物など，多くの（　(8)　）食品を食べる。最近，日本のとある企業が，ある大学と共同研究し，よい（　(9)　）でコーティングされた特殊なシートを開発した。このシートで（　(10)　）や魚を包むと，腐らずに自然に（　(8)　）し始め，味がもっと濃く，おいしくなる。また，そのシートは食品廃棄物［フードロス］問題も解決してくれるかもしれない。

Part 4 いちごジャムはどのように作りますか。

まず，いちごのヘタを取り除き，ボウルの中で，2カップ分のすりつぶしになるまで（　(11)　）。次に，ソースパンの中で，いちごを砂糖，レモン汁と混ぜ合わせ，砂糖が完全に（　(12)　）まで弱火でかき混ぜたら，火を強めて完全に沸騰させる。そうして5～10分間煮たら，殺菌されたびんにいちごジャムを移し，（　(13)　）ふたをして，沸騰したお湯に約1分間入れる。びんがまだ熱いうちにふたをしっかり締め，びんを上下逆さまにして，沸騰したお湯に約5分間完全に（　(14)　）。こうして完成したジャムは，涼しく乾燥した場所で数か月間保存することができる。

Grammar

A 過去の事実とは違うことを，過去完了を使って述べる
― 仮定法過去完了「もし(あのとき)～だったら」

If they **had not preserved** these foods, they **could not have survived** the severe winters. 〈Part 1, *l*.4〉

もし彼らがこれらの食品を**保存していなかったら**，その厳しい冬を**生き延びることはできなかったでしょう**。

B 仮定法を使った重要表現

1. 〈as if + S' + 仮定法過去〉「まるで～であるかのように」

Bottled milk looked **as if** it **were** fresh from the cow even after six years of storage. 〈Part 2, *l*.11〉

びん詰めされた牛乳は，6年間の保存の後でさえも，(**まるで**)それが牛から搾りたて**であるかのように**見えました。

2. 〈Without ～ / If it were not for ～〉「もし(今)～がなければ」

Without these foods, Japanese cuisine **could not exist**. 〈Part 3, *l*.8〉

これらの食品**がなければ**，日本料理は**存在することができないでしょう**。

● Summary 完成問題の答え ⟹ (1) 保存　(2) 減らす　(3) 日光　(4) 栄養素　(5) 酢　(6) 密封　(7) 商人　(8) 発酵　(9) 微生物　(10) 肉　(11) 押しつぶす　(12) 溶ける　(13) ゆるく　(14) 浸す

Part 1 Kanata talks about the history of preserved food in Japan.

教科書 pp.90 ~ 91

本文を読もう　意味のまとまりを意識しながら読もう。

▶解説
① Since ancient times, / people in Japan have preserved foods / by drying them. //
～から　NW ～を保存してきた

② In the Jomon period, / people are thought to have made sun-dried fish and
天日干しにされた

NW 貝殻　▶解説
shellfish / near their shell mounds. // ③ If they had not preserved these foods, /
貝塚　HU「もし～していなかったら，…することができなかっただろう」

NW ～を生き延びてきた
they could not have survived the severe winters. //
NW 厳しい

NW 含有量　▶解説
④ Sun drying lowers the water content of foods / to less than 10%. // ⑤ At this
NW ～を減らす　含水量

NW 活発な
level, / microorganisms are no longer active, / and foods do not spoil. //
微生物　KP もう～ではない　NW 腐る

⑥ Dried foods have many good points. // ⑦ Of course, / they keep for a long time. //

▶解説　ほとんどない
⑧ They are light / and take up little space. // ⑨ They can have extra vitamins and
軽い　KP 〈場所など〉を取る　NW 追加の

▶解説
other nutrients / from being in the sunlight. // ⑩ Also, / they have a rich smell and
NW 栄養素　NW 日光

▶解説
umami taste. // ⑪ Dried *kombu*, dried *shiitake*, and dried bonito / are three items /
うま味のある　かつお節

NW 不可欠な　出汁(だし)
that are essential for making Japanese soup stock. //

読解のポイント

▶ 日本の人々はどのように食品を保存してきたか。

▶ 天日干しにはどのような効果があるか。

▶ 乾燥食品にはどのようなメリットがあるか。

① Since ancient times, people in Japan have preserved foods by drying them.

have preserved は「保存してきた」という〈継続〉を表す現在完了。preserved は preserve の過去分詞形。〈have / has ＋過去分詞〉で「ずっと～している」という意味を表す。

・since「～から」〈継続〉を表す現在完了とよく一緒に使われる。

③ If they had not preserved these foods, they could not have survived the severe winters.

仮定法過去完了の文。〈If ＋ S ＋ had ＋過去分詞～, S' ＋ would[could / might] ＋ have ＋過去分詞....〉で「もし(あのとき)Sが～だったら，S' は…だっただろうに」という意味を表す。HU

日本文に合う英文になるように，____ に適する語を書きなさい。
もし私が彼の住所を知っていたら，彼を訪れていただろう。
If I ________ ________ his address, I ________ ________ ________ him.

⑤ At this level, microorganisms are no longer active, and foods do not spoil.

・no longer「もう～ではない」 not ... any longer とほぼ同義だが，no longer の方が否定の意味が強い。

⑤の英文の訳を完成させなさい。
このレベルでは，微生物は（　　　　　　　　　　　　　　　　　　）。

⑧ They are light and take up little space.

・light「軽い」 他に形容詞で「明るい」という意味を表す場合もある。

・little「ほとんどない」 不可算名詞を修飾する。可算名詞を修飾するときは few。

⑩ Also, they have a rich smell and umami taste.

・umami「うま味のある」 日本語の「うま味」に由来しており，ここでは形容詞。名詞も同じく umami。

⑪ Dried *kombu*, dried *shiitake*, and dried bonito are three items that are essential for making Japanese soup stock.

that are essential for making Japanese soup stock は先行詞 three items を修飾する関係代名詞節。that は関係代名詞節の中で主語の働きをしている。先行詞が〈物・事〉を表すとき，主格の関係代名詞は that[which] を使う。

日本文に合う英文になるように，(　) 内の語句を並べかえなさい。
私はエマが撮った写真を持っています。
I have (by / the pictures / were / Emma / that / taken).

確認問題の答え

③ had known, would have visited　⑤ もう活発ではなくなり，食品は腐りません
⑪ the pictures that were taken by Emma

LESSON 8

Part 2 Olivia talks about other food preservation methods in the world.

教科書 pp.92 ~ 93

本文を読もう　意味のまとまりを意識しながら読もう。

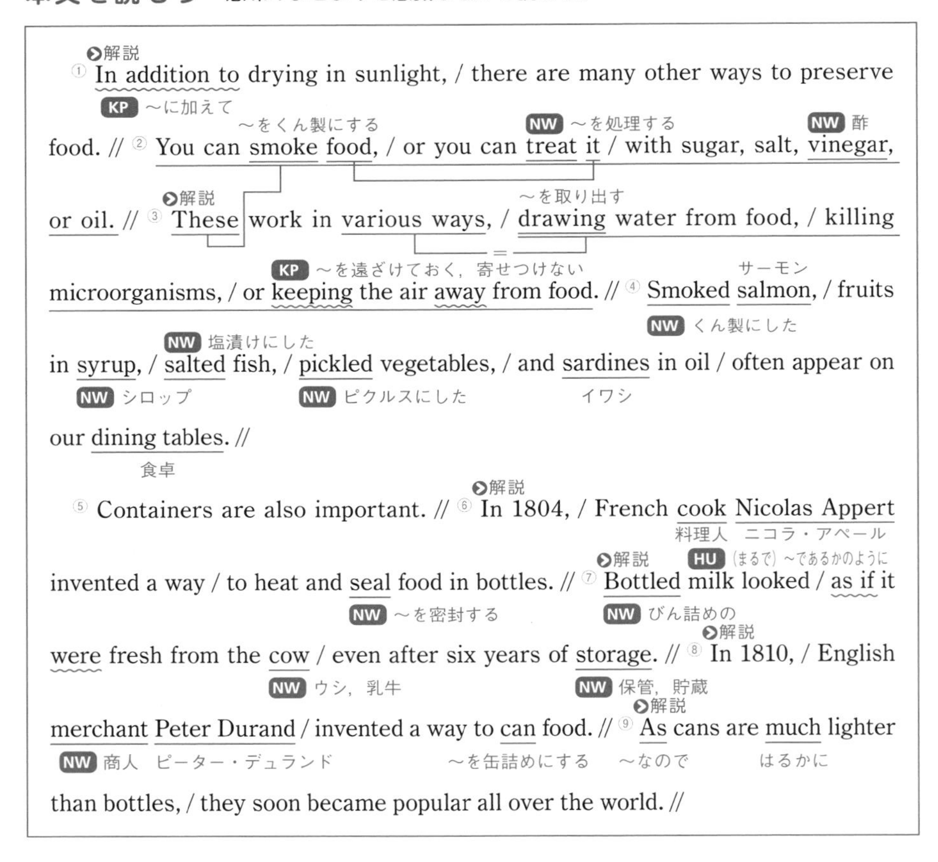

① In addition to drying in sunlight, / there are many other ways to preserve food. // ② You can smoke food, / or you can treat it / with sugar, salt, vinegar, or oil. // ③ These work in various ways, / drawing water from food, / killing microorganisms, / or keeping the air away from food. // ④ Smoked salmon, / fruits in syrup, / salted fish, / pickled vegetables, / and sardines in oil / often appear on our dining tables. //

⑤ Containers are also important. // ⑥ In 1804, / French cook Nicolas Appert invented a way / to heat and seal food in bottles. // ⑦ Bottled milk looked / as if it were fresh from the cow / even after six years of storage. // ⑧ In 1810, / English merchant Peter Durand / invented a way to can food. // ⑨ As cans are much lighter than bottles, / they soon became popular all over the world. //

- ①解説 In addition to　KP ～に加えて
- smoke ～をくん製にする
- treat　NW ～を処理する
- vinegar　NW 酢
- ③解説 These
- drawing ～を取り出す
- keeping ... away from　KP ～を遠ざけておく，寄せつけない
- Smoked　NW くん製にした
- salmon サーモン
- syrup　NW シロップ
- salted　NW 塩漬けにした
- pickled　NW ピクルスにした
- sardines イワシ
- dining tables 食卓
- ⑥解説 cook 料理人
- Nicolas Appert ニコラ・アペール
- seal　NW ～を密封する
- ⑦解説 Bottled　NW びん詰めの
- as if it were　HU （まるで）～であるかのように
- cow　NW ウシ，乳牛
- storage　NW 保管，貯蔵
- ⑧解説 merchant　NW 商人
- Peter Durand ピーター・デュランド
- can ～を缶詰めにする
- ⑨解説 As ～なので
- much はるかに

読解のポイント

- ▶ 天日干し以外にどのような食品の保存方法があるか。
- ▶ 容器による保存にはどのような方法があるか。

① In addition to drying in sunlight, there are many other ways to preserve food.

There is[are] ～.「～がある」の文。to preserve は〈to ＋動詞の原形〉の形で形容詞的用法。「保存する(ための)」という意味を表し，名詞 ways「方法」を後ろから修飾している。

・in addition to「～に加えて」 to は前置詞なので，後に名詞[動名詞]が続く。

③ These work in various ways, drawing water from food, killing microorganisms, or keeping the air away from food.

drawing 以下は主文 These work in various ways を修飾する付帯状況を表す分詞構文。These は②の文の内容を指す。

⑥ In 1804, French cook Nicolas Appert invented a way to heat and seal food in bottles.

to heat and seal は〈to ＋動詞の原形〉の形で形容詞的用法。「加熱し密封する(ための)」という意味を表し，名詞 way「方法」を後ろから修飾している。

・cook「料理人」 ここでは名詞で「料理人，コック」という意味を表す。

⑦ Bottled milk looked as if it were fresh from the cow even after six years of storage.

〈as if ＋ S' ＋仮定法過去〉で「(まるで)～であるかのように」という意味を表す。as if 節中では be 動詞の過去形は，原則として主語に関係なく were を使う。HU

確認問題　日本文に合う英文になるように，＿＿に適する語を書きなさい。

(1) ボブはまるで病気であるかのようです。

Bob looks ＿＿＿＿ ＿＿＿＿ he ＿＿＿＿ sick.

(2) 彼女はまるで何でも知っているかのように話しました。

She talked ＿＿＿＿ ＿＿＿＿ she ＿＿＿＿ everything.

⑧ In 1810, English merchant Peter Durand invented a way to can food.

・can「～を缶詰めにする」 ここでは動詞。名詞の can は「缶，缶詰め」。

⑨ As cans are much lighter than bottles, they soon became popular all over the world.

lighter は形容詞 light の比較級。〈比較級＋ than ～〉は2つのものを比べて，「～よりも…だ」という意味を表す。比較級はふつう形容詞や副詞の語尾に -(e)r をつける。

・as「～なので」 理由を表す接続詞。

・much「はるかに」 比較級・最上級を修飾して「はるかに，ずっと」という意味を表す。

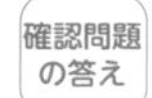

⑦(1) as if, were　(2) as if, knew

LESSON 8

Part 3 Kanata introduces a variety of fermented foods in Japan.

教科書 pp.94 ~ 95

本文を読もう　意味のまとまりを意識しながら読もう。

①Fermentation is another way to preserve food. // ②A good microorganism is added to the food. // ③It grows rapidly, / becomes the dominant microorganism / present in the food, / and inhibits the growth of bad microorganisms. // ④As it grows, / it changes proteins or sugars or both / in the food / and makes it more delicious. //

⑤Japanese people eat many fermented foods: / soy sauce, miso, natto, Japanese pickles. // ⑥Without these foods, / Japanese cuisine could not exist. //

⑦Recently, / collaborating with a university, / a company in Japan developed a special sheet / coated with a good microorganism. // ⑧When you wrap meat or fish in this sheet, / the good microorganism protects the food / from bad microorganisms. // ⑨The food naturally begins to ferment without spoiling, / and its taste becomes richer and more delicious. // ⑩The sheet may also solve the food waste problem. // ⑪Restaurants that use the sheet / can keep extra food longer / instead of throwing it away. //

NW Fermentation 発酵　②解説　③解説　NW dominant 主要な　NW rapidly 急速に　present 存在する　inhibits ～を抑制する　NW growth 成長　④解説　As ～につれて　NW sauce ソース　NW fermented 発酵した　NW soy 大豆　⑥解説　NW exist 存在する　NW pickles ピクルス　HU Without もし(今)～がなければ　NW cuisine 料理(法)　could not exist 存在することができないだろう　⑦解説　NW collaborating 共同研究して　coated コーティングされた　⑨解説　NW naturally 自然に　begins to ferment 発酵し始める　without spoiling 腐らずに　⑪解説　NW instead その代わりに　throwing ～を捨てる　KP instead of ～の代わりに

読解のポイント

- 発酵食品にはどのようなメリットがあるか。
- 日本人はどのような発酵食品を食べるか。
- 食品の発酵を促進するシートにはどのような効果があるか。

② A good microorganism is added to the food.

is added は〈be 動詞＋過去分詞〉の受動態で,「加えられる」という意味を表す。

③ It grows rapidly, becomes the dominant microorganism present in the food, and inhibits the growth of bad microorganisms.

・present「存在する」 ここでは形容詞。in the food を伴い the dominant microorganism を修飾している。

④ As it grows, it (S) changes proteins or sugars or both in the food and makes (V) it (O) more delicious (C).

主節の後半は〈SVOC〉の文。1つ目の it が主語(S), makes が動詞(V), 2つ目の it が目的語(O), more delicious が補語(C)。O＝C(it＝more delicious)の関係が成り立つ。従属節の it と主節の1つ目の it は②の A good microorganism, 主節の2つ目の it(O)は文中の the food を指す。

・as「～につれて」 比例を表す接続詞。

⑥ Without these foods, Japanese cuisine could not exist.

Without ～で「もし(今)～がなければ」という意味を表し, If it were not for ～に置き換えることができる。HU

日本文に合う英文になるように, ＿＿ に適する語を書きなさい。

もし彼の助けがなければ, 私たちは成功しないでしょう。

＿＿＿＿＿＿ his help, we ＿＿＿＿＿＿ ＿＿＿＿＿＿ succeed.

⑦ Recently, collaborating with a university, a company in Japan developed a special sheet coated with a good microorganism.

collaborating with a university は現在分詞(～ ing)で始まる分詞構文。ここでは「～して, そして」という意味で,〈動作の連続〉を表す。coated「コーティングされた」は coat の過去分詞。with a good microorganism を伴って a special sheet を修飾している。

⑨ The food naturally begins to ferment without spoiling.

・begin to *do*「～し始める」

・without *do*ing「～せずに」 spoiling は spoil「(食べ物が)腐る」の動名詞。

⑪ Restaurants that use the sheet can keep extra food longer instead of throwing it away.

that use the sheet は先行詞 Restaurants を修飾する関係代名詞節。that は関係代名詞節の中で主語の働きをしている。先行詞が〈物・事〉を表すとき, 主節の関係代名詞は that[which] を使う。it は文中の extra food を指す。

・instead of「～の代わりに」 前置詞 of の後は, 名詞[動名詞]が続く。

⑥ Without, would not

LESSON 8

Part 4 Kanata and Olivia want to try preserving some foods. They read a recipe for strawberry jam they found on the Internet.

教科書 pp.96 ～ 97

本文を読もう 意味のまとまりを意識しながら読もう。

① **Strawberry jam**
NW いちご NW ジャム

② **Ingredients**
材料

③ ・500 g fresh strawberries ④ ・250 g white sugar ⑤ ・1 tablespoon lemon juice
大さじ NW レモン

⑥ **Steps**

⑦ **1** Remove the hulls from the strawberries. //
HU 命令文 (いちごなどの) ヘタ
NW ～を取り除く

⊙解説
⑧ **2** In a bowl, / crush the strawberries / until you have 2 cups of mashed strawberries. //
HU 命令文
NW ボウル NW ～を押しつぶす ～まで NW すりつぶした

⑨ **3** In a saucepan, / mix the strawberries / with sugar and lemon juice. //
ソースパン [柄付きの深鍋]

⊙解説
⑩ **4** Stir over low heat / until the sugar is completely dissolved. //
かき混ぜる 弱火で 完全に NW 溶かされる

⊙解説
⑪ **5** Turn up the heat / and bring the mixture to a full boil. // ⑫ Boil for 5–10 minutes. //
KP 〈ガスの火など〉を強める NW 混ぜたもの 完全に沸騰させる

⑬ **6** Transfer the strawberry jam into sterilized jars. // ⑭ Put lids on loosely, / and place the jars in boiling water / for about 1 minute. //
殺菌された NW びん NW ふた NW ゆるく

⊙解説
⑮ **7** Tighten the lids / while the jars are still hot, / then turn the jars upside down / and immerse completely in boiling water / for about 5 minutes / to sterilize. //
NW ～をしっかり締める ～しているうちに それから 上下逆さまに
NW ～を (完全に) 浸す

⊙解説
⑯ **8** The jam can be stored for several months / in a cool, dry place. //
保存される

読解のポイント

▶ いちごジャムをどのように作るか。

⑧ **2** In a bowl, crush the strawberries until you have 2 cups of mashed strawberries.
料理のレシピは，主語を省略した命令文で簡潔に書く。HU
・until「～まで」 ある動作や状態がその時「まで」続くことを表す。till も同義である。

確認問題 日本文に合う英文になるように，（　）内の語句を並べかえなさい。
トマトを薄切りにします。
(into / the tomatoes / slices / cut / thin).

⑩ **4** Stir over low heat until the sugar is completely dissolved.
is dissolved は dissolve「溶ける」の受動態。
・over low heat「弱火で」 反対の意味は over high heat「強火で」。
・completely「完全に」 形容詞は complete。

⑩の英文の訳を完成させなさい。
(　　　　　　　　　　　　　　　　　　　　　　　　) かき混ぜます。

⑪ **5** Turn up the heat and bring the mixture to a full boil.
・turn up「〈ガスの火など〉を強める」 反対の意味は turn down「〈ガスの火など〉を弱める」。

⑮ **7** Tighten the lids while the jars are still hot, then turn the jars upside down and immerse completely in boiling water for about 5 minutes to sterilize.
to sterilize は〈to ＋動詞の原形〉の形で，副詞的用法の不定詞。「殺菌するために」という意味を表し，文の動詞 immerse の〈目的〉を表す。
・while「～しているうちに」〈時〉を表す接続詞。後に〈S ＋ V〉の文が続く。
・then「それから」 文をつなげる働きをする接続副詞。
・upside down「上下逆さまに」 turn ～ upside down で「～を上下逆さまにする」という意味を表す。

⑯ **8** The jam can be stored for several months in a cool, dry place.
can be stored は can の後に受動態〈be 動詞＋過去分詞〉がきた形。助動詞の後の動詞は必ず原形なので，be 動詞が原形 be になっている。can be stored で「保存されることができる」という意味を表す。cool, dry は並列で place を修飾している。形容詞が並列で名詞を修飾する場合は，and の代わりにコンマでつなぐこともできる。

⑯の英文の訳を完成させなさい。
ジャムは（　　　　　　　　　　　　　　　　　　　　　　　　）。

⑧ Cut the tomatoes into thin slices　⑩ 砂糖が完全に溶けるまで，弱火で
⑯ 涼しく乾燥した場所で数か月間保存することができます［保存されることができます］

LESSON 8

文法のまとめ

A 過去の事実とは違うことを，過去完了を使って述べる ― **仮定法過去完了「もし(あのとき)～だったら」**

〈S' + would[could / might] + have + 過去分詞...〉「S' は…だっただろうに」

If we **had hurried**, we **could have caught** the train.

〈If + S + had + 過去分詞～〉「もし(あのとき)S が～だったら，」

もし**急いでいたら**，私たちはその電車に**乗れていたのに**。

〈S' + would[could / might] + have + 過去分詞...〉「S' は…だっただろうに」

She **would have said** yes if you **had asked** her again.

〈if + S + had + 過去分詞～〉「もし(あのとき)S が～だったら，」

もし君がもう一度**頼んでいたら**，彼女は「うん」と**言っただろうに**。

※主節の助動詞は仮定法過去と同様，必ず過去形が用いられる。would(～だろう)の他にも，could(～できるだろう)，might(～かもしれないだろう)を用いることができる。

例文

If I **had studied** harder, I **might have passed** the exam.

もしもっと一生懸命**勉強していたら**，私はその試験に**合格したかもしれないのに**。

He **would have arrived** on time if he **had got up** early.

もし早く**起きていたら**，彼は時間どおりに**着いただろうに**。

演習問題

1 次の（　）内の語を適する形にかえて，空所に書きなさい。ただし１語とは限りません。

(1) もし昨日晴れていたら，私たちはテニスをしたのに。
If it ＿＿＿＿＿ sunny yesterday, we would have played tennis.　(be)

(2) もしそのことについて知っていたら，あなたにアドバイスできたのに。
If I had known about it, I could ＿＿＿＿＿ you advice.　(give)

(3) もし私があなただったら，留学していただろうに。
I would have studied abroad if I ＿＿＿＿＿ you.　(be)

2 次の英文を日本語にしなさい。

(1) If I had got up early, I could have got the bus.
(　　　　　　　　　　　　　　　　　　　　　　　　)

(2) He would have traveled around the world if he had had more time.
(　　　　　　　　　　　　　　　　　　　　　　　　)

(3) If she had been sick, she could not have visited Kyoto with us.
(　　　　　　　　　　　　　　　　　　　　　　　　)

3 次の日本文に合う英文になるように，（　）内の語を並べかえて全文を書きなさい。

(1) もし十分なお金を持っていたら，私は家を買うことができただろうに。
If (had / had / I / enough / have / bought / could / I / money / ,) a house.

＿＿＿＿＿＿＿＿＿＿＿＿＿＿＿＿＿＿＿＿＿＿＿＿＿＿＿＿＿＿

(2) そのニュースを知っていたら，私たちは家にいたのに。
We (stayed / if / known / home / would / we / have / had) the news.

＿＿＿＿＿＿＿＿＿＿＿＿＿＿＿＿＿＿＿＿＿＿＿＿＿＿＿＿＿＿

演習問題の答え　**1**(1) had been　(2) have given　(3) had been　**2**(1) もし早く起きていたら，私はそのバスに乗れただろうに。 (2) もしもっと時間があったら，彼は世界中を旅しただろうに。 (3) もし病気だったら，彼女は私たちと京都を訪れることはできなかっただろう。 **3**(1) If I had had enough money, I could have bought a house.　(2) We would have stayed home if we had known the news.

B 仮定法を使った重要表現

1. 〈as if + S' + 仮定法過去〉「まるで～であるかのように」

Aki speaks English **as if** she **were** a native speaker.
アキは**まるで**ネイティブスピーカー**のように**英語を話す。

例文

He cries **as if** he **were** a child.
彼は**まるで**子ども**のように**泣く。

2. 〈Without ～ / If it were not for ～〉「もし(今)～がなければ」

Without[If it were not for] cars, our life **would be** inconvenient.
〈would / could / might + 動詞の原形〉仮定法過去
車**がなければ**，私たちの生活は不便**であるだろう**。
※〈Without ～ / If it were not for ～〉で現在の事実と異なる仮定を表す。
※主節では現在の事実と異なる内容を述べるため，助動詞は必ず過去形が用いられる。would（～だろう）の他にも，could（～できるだろう），might（～かもしれないだろう）を用いることができる。

Without music, our life **would be** boring.
音楽**がなければ**，私たちの生活はつまらない**だろう**。
If it were not for fire, we **could not live**.
火**がなければ**，私たちは**生きることができないだろう**。

演習問題

1 次の日本文に合う英文になるように，空所に適する語を書きなさい。

(1) 彼女はまるで私の姉のように見えます。
She looks ______ ______ she ______ my sister.

(2) あなたの支援がなければ，私は大学を卒業できないでしょう。
______ your support, I could not graduate from the university.

(3) 彼はまるで先生のように私たちに英語を教えます。
He teaches us English ______ ______ he ______ a teacher.

(4) 水がなければ，すべての生き物は存在することができないでしょう。
If it ______ ______ ______ water, no living things could exist.

2 次の英文を日本語にしなさい。

(1) She looks as if she were a child.
(　　　　　　　　　　　　　　　　　　　　　　　　)

(2) Without that money, I could not study abroad.
(　　　　　　　　　　　　　　　　　　　　　　　　)

3 次の日本文に合う英文になるように，(　) 内の語句を並べかえて全文を書きなさい。

(1) スマートフォンがなければ，私たちの生活は不便であるだろう。
(life / inconvenient / without / would / our / smartphones / be / ,).

____

(2) 彼女は電話でまるで母親のように話しました。
(on / as / talked / she / mother / if / were / she / my / the phone).

____

(3) あなたたちの助けがなければ，私は宿題を終えることができないでしょう。
(couldn't / your / not / I / finish / it / for / were / if / help / ,) my homework.

____

演習問題の答え **1**(1) as if, were ▶「まるで～であるかのように」は〈as if+S'+ 仮定法過去〉で表す。(2) Without ▶「もし(今)～がなければ」は〈Without[If it were not for] ～〉で表す。(3) as if, were (4) were not for **2**(1) 彼女はまるで子どものように見える。(2) あのお金がなければ，私は留学できないだろう。 **3**(1) Without smartphones, our life would be inconvenient. (2) She talked on the phone as if she were my mother. (3) If it were not for your help, I couldn't finish my homework.

Key Phrase のまとめ

(ページ)

90	□ **no longer** もう～ではない ▶ 過去と比較した上での現在の状態について述べる際に使う表現。 We are *no longer* children.（私たちはもう子どもではない）
90	□ **take up** 〈場所など〉を取る ▶「～を始める」「〈問題など〉を取り上げる」という意味で使うこともある。 His baggage *took up* little space. （彼の手荷物はほとんど場所を取らなかった）
92	□ **in addition to** ～に加えて ▶ besides も同義。 *In addition to* this book, I will read two more books. （この本に加えて，私はあともう２冊本を読むつもりだ）
92	□ **keep ～ away** ～を遠ざけておく，寄せつけない ▶ keep A away from B で「A を B から遠ざけておく」という意味。 *Keep* cigarette smoke *away* from children. （タバコの煙を子どもから遠ざけておきなさい）
94	□ **instead of** ～の代わりに ▶ in place of も同義。 *Instead of* exercising, I walk at least one hour every day. （私は運動する代わりに，毎日最低１時間歩く）
96	□ **turn up** 〈ガスの火など〉を強める ▶ turn は「状態を変える」というイメージを持つ動詞。反対の意味は turn down「〈ガスの火など〉を弱める」。

◆ その他の重要表現 ◆

90	□ **essential for** ～に不可欠な ▶ essential には「条件成立に欠かせない」というニュアンスがある。
94	□ **throw away** ～を捨てる ▶ 代名詞が目的語になる場合，throw it away の語順になることに注意。 I *threw away* old magazines.（私は古い雑誌を捨てた）

演習問題

1 次の日本文に合う英文になるように，空所に適する語を書きなさい。

(1) 火を強めて5分間煮なさい。
_________ _________ the heat and boil it for 5 minutes.

(2) 掃除に加えて，彼は家族のために料理もします。
_________ _________ _________ cleaning, he cooks for his family.

(3) これらの段ボール箱は，広い場所を取ります。
These cardboard boxes _________ _________ a lot of space.

(4) このコンピュータはもう必要ではありません。
This computer is _________ _________ required.

(5) やかんを赤ちゃんから遠ざけておきなさい。
_________ the kettle _________ from the baby.

(6) 彼に電話をする代わりに，メールを送りました。
_________ _________ calling, I sent him an e-mail.

2 次の英文を日本語にしなさい。

(1) Don't throw away trash in the corridor.
(   )

(2) The magazine is no longer published.
(   )

(3) Instead of taking a train, he comes to the office on foot.
(   )

(4) Studying English is essential for studying abroad.
(   )

(5) Keep your dirty shoes away from the carpet.
(   )

演習問題の答え **1**(1) Turn up (2) In addition to (3) take up (4) no longer (5) Keep, away (6) Instead of **2**(1) 廊下にゴミを捨ててはいけない。 (2) その雑誌はもう出版されていない。 (3) 電車を使う代わりに，彼は徒歩で出社する。 (4) 英語を勉強することは留学するのに不可欠だ。 (5) あなたの汚れた靴をそのカーペットから遠ざけておきなさい。

定期テスト対策問題

語い・表現

1 次の語で最も強く発音する部分を記号で答えなさい。

□(1) fer-men-ta-tion 〔　　〕
　　ア イ ウ エ
□(2) dis-solve 〔　　〕
　　ア イ
□(3) nu-tri-ent 〔　　〕
　　ア イ ウ
□(4) straw-ber-ry 〔　　〕
　　ア イ ウ

2 次の日本文に合う英文になるように，空所に適する語を書きなさい。

□(1) 火を強めてください。
Please ＿＿＿＿ ＿＿＿＿ the heat.

□(2) 彼に英語で話しかける代わりに，私は簡単な日本語で話しかけました。
＿＿＿＿ ＿＿＿＿ talking to him in English, I talked to him in easy Japanese.

□(3) 私は野菜から虫を遠ざけておきました。
I ＿＿＿＿ insects ＿＿＿＿ from the vegetables.

文法

3 次の（　）内の語を適する形にかえて，空所に書きなさい。ただし１語とは限りません。

□(1) If I ＿＿＿＿ early, I could have arrived on time. (leave)
□(2) We would ＿＿＿＿ soccer if it had been sunny yesterday. (play)
□(3) She looks as if she ＿＿＿＿ my sister. (be)
□(4) If it ＿＿＿＿ not for this coat, I would catch a cold. (be)

4 次の日本文に合う英文になるように，(　)内の語句を並べかえて全文を書きなさい。

□(1) 彼女はまるで子どものように笑います。
(laughs / she / were / if / as / she / a child).

＿＿＿＿＿＿＿＿＿＿＿＿＿＿＿＿＿＿＿＿＿＿＿＿

□(2) あなたの助言がなければ，このイベントは成功しないでしょう。
(this event / your / become / advice / successful / without / not / would / ,).

＿＿＿＿＿＿＿＿＿＿＿＿＿＿＿＿＿＿＿＿＿＿＿＿

□(3) もし十分な時間があったら，私は世界中を旅行できたのに。
(had / could / if / have / had / I / traveled / enough / I / time / ,) around the world.

＿＿＿＿＿＿＿＿＿＿＿＿＿＿＿＿＿＿＿＿＿＿＿＿

5 次の各組がほぼ同じ内容になるように，空所に適する語を書きなさい。

□(1) Because I was not a student then, I didn't study abroad.
If I ______ ______ a student then, I would ______ ______ abroad.

□(2) We didn't practice hard, so we could not win the game.
If we ______ ______ hard, we ______ ______ ______ the game.

読解

6 次の英文を読んで，あとの問いに答えなさい。

Since ancient times, people in Japan have preserved foods ①(　　) drying them. In the Jomon period, people are thought to have made sun-dried fish and shellfish ②(　　) their shell mounds. ③<u>If they had not preserved these foods, (could / survived / not / they / have) the severe winters.</u>

Sun drying lowers the water content of foods ④(　　) less than 10%. At this level, microorganisms are ⑤<u>(　　) (　　)</u> active, and foods do not spoil.

Dried foods have many good points. Of course, they keep for a long time. They are light and ⑥<u>(　　) (　　)</u> little space. They can have extra vitamins and other nutrients from being in the sunlight. Also, they have a rich smell and umami taste. ⑦<u>Dried *kombu*, dried *shiitake*, and dried bonito are three items that are essential for making Japanese soup stock.</u>

(1) 空所①②④に適する語を下から選び，記号で答えなさい。
ア of　イ to　ウ by　エ near
□①〔　　〕　□②〔　　〕　□④〔　　〕

□(2) 下線部③が「もし彼らがこれらの食品を保存していなかったら，(彼らは)その厳しい冬を生き延びることはできなかったでしょう」という意味になるように，(　)内の語を並べかえて全文を書きなさい。

____

(3) 下線部⑤が「もう～ではない」，下線部⑥が「〈場所など〉を取る」という意味になるように，(　)に適切な語を入れなさい。
□⑤ ______ ______　□⑥ ______ ______

□(4) 下線部⑦の英文を日本語にしなさい。
(　　　　　　　　　　　　　　)

LESSON 8

定期テスト対策問題の解答・解説

1 (1) ウ　(2) イ　(3) ア　(4) ア

解説 (1) -tion で終わる単語は，その直前の音節にアクセントがある。

(4) strawberry は日本語で使う「ストロベリー」とアクセントが異なる。

2 (1) turn up　(2) Instead of　(3) kept, away

解説 (1) 「〈ガスの火など〉を強める」は **turn up**。

(2) 「～の代わりに」は **instead of**。

(3) 「～を遠ざけておく，寄せつけない」は **keep ～ away**。

3 (1) had left　(2) have played　(3) were　(4) were

解説 (1) 「もし早く出発していたら，私は時間どおりに着くことができたのに」過去の事実と違うことを表す仮定法過去完了〈**If + S + had + 過去分詞～, S' + could + have + 過去分詞....**〉の文を完成させる。

(2) 「もし昨日晴れていたら，私たちはサッカーをしたのに」 過去の事実と違うことを表す仮定法過去完了〈**If + S + had + 過去分詞～, S' + would + have + 過去分詞....**〉の文を完成させる。

(3) 「彼女はまるで私の姉[妹]のように見えます」〈**as if + S' + 仮定法過去**〉で「まるで～であるかのように」という意味を表す。

(4) 「このコートがなければ，私は風邪をひくでしょう」〈**If it were not for ～**〉で現在の事実と異なる仮定を表す。

4 (1) She laughs as if she were a child.

(2) Without your advice, this event would not become successful.

(3) If I had had enough time, I could have traveled around the world.

解説 (1) 〈**as if + S' + 仮定法過去**〉で「まるで～であるかのように」という意味を表す。

(2) 〈**Without ～**〉で現在の事実と異なる仮定を表す。

(3) 過去の事実と違うことを表す仮定法過去完了〈**If + S + had + 過去分詞～, S' + could + have + 過去分詞....**〉の文を完成させる。

5 (1) had been, have studied

(2) had practiced, could have won

解説 (1)「そのとき学生ではなかったので，私は留学しませんでした」という文を仮定法過去完了〈**If + S + had + 過去分詞～，S' + would + have + 過去分詞....**〉で表し，「もしそのとき学生だったら，私は留学したのに」という文にする。

(2)「私たちは一生懸命練習しなかったので，試合に勝つことができませんでした」という文を仮定法過去完了〈**If + S + had + 過去分詞～，S' + could + have + 過去分詞....**〉で表し，「一生懸命練習していたら，私たちは試合に勝つことができたのに」という文にする。

6 (1) ① **ウ** ② **エ** ④ **イ**

(2) If they had not preserved these foods, they could not have survived the severe winters.

(3) ⑤ no longer ⑥ take up

(4) 干し昆布，干しシイタケ，かつお節は，日本風の出汁(だし)をとるのに不可欠な3つの品目です。

解説 (1) ① 直後に drying them があるので，**by** を入れて「(食品を)乾燥させることで」という意味にする。

② 直後に their shell mounds があるので，**near** を入れて「貝塚の近くで」という意味にする。

④ 文の動詞が lowers「減らす」であること，空所の直後が less than 10%「10%未満」であることに着目する。**to** を入れて「10%未満に減らす」という意味にする。

(2) 過去の事実と違うことを表す仮定法過去完了〈**If + S + had not + 過去分詞～，S' + could not + have + 過去分詞....**〉の文を完成させる。

(4) **essential for** は「～に不可欠な」という意味を表す。**soup stock** は「出汁」。

LESSON
9 The Sharing Economy: Something for Everyone?

Preview

Introduction

シェアリングエコノミーがテーマ。シェアリングエコノミーでは, 人々が所有物やサービスを無償または有償で共有する。シェアリングエコノミーのおかげで人々はだれもが満足できる状況を享受できるが, いくつかの問題点もある。シェアリングエコノミーを利用することのメリットとデメリットを読み取り, 理解を深めよう。

● Part 別に Summary を完成させよう

Part 1 シェアリングエコノミーとは何ですか。

シェアリングエコノミーでは, 人々は (　(1)　) やサービスを無償または有償のどちらかで共有する。その共有はしばしば, インターネットを基盤とした個人対個人の (　(2)　) である。今では, スマートフォンの画面をタップするだけで, あなたは何でも (　(3)　) ことができる。今から10年後には, シェアリングエコノミーは私たちの (　(4)　) の概念を変えてしまっているだろう。

Part 2 サービスシェアリングにはどのようなものがありますか。

サービスシェアリングは, シェアリングエコノミーの (　(5)　) な一部である。サービスシェアリングの例としては, ライドシェアリングやフード (　(6)　) が挙げられる。シェアリングエコノミーのおかげで, 人々はだれもが満足できる状況を享受することができるのである。

Part 3 シェアリングエコノミーの問題点は何ですか。

シェアリングエコノミーには (　(7)　) もある。それは (　(8)　) の信頼に基づいているが, その信頼が壊されるときに, トラブルが起こりうる。第一に, ライドシェアのドライバーや一時的な配達員の多くは (　(9)　) に訓練されていない。第二に, 物事がうまくいかないときにだれに (　(10)　) があるのかが明確ではない。最後に, シェアリングエコノミーは既存の (　(11)　) にひどくダメージを与えるかもしれない。

Part 4 ファッションシェアリングの会社はどのようなサービスを提供していますか。

好きなアイテムを（　　(12)　　）で選び，希望の期間を指定する。クレジットカードで支払いをすると，数日であなたの欲しいものが届く。お気に入りの服を着て楽しんだ後は，箱に入れて返送するだけである。（　　(13)　　）を支払う必要はない。

Grammar

A 「未来のある時点のこと」を，「それより前のこと」と関連して示す — **未来完了〈will have + 過去分詞〉**

Ten years from now, the sharing economy **will have changed** our concept of ownership. 〈Part 1, *l*.14〉

今から10年後には，シェアリングエコノミーは私たちの所有の概念を**変えてしまっているでしょう**。

＊完了・結果

B 「物・事」を主語にして表現する — **無生物主語構文**

＊「人」を主語にして訳すと自然な日本語になる。

The sharing economy **enables** people to enjoy a win-win situation. 〈Part 2, *l*.15〉

シェアリングエコノミーは，人々が，みんな満足できる状況を享受することを可能にします。

→ シェアリングエコノミーのおかげで，人々はみんなが満足できる状況を享受することができるのです。

What **makes** you still buy clothes? 〈Part 4, *l*.16〉

何があなたにまだ服を買わせるのですか。

→ なぜあなたはまだ服を買うのですか。

C 補語として働くthat節 — **SVC (C=that節)**

The sharing economy seems to be a dream model, but the fact is **that** it also has demerits. 〈Part 3, *l*.1〉

シェアリングエコノミーは夢のモデルであるように見えますが，実は，それには欠点もあります[事実は，それには欠点もあるということです]。

● Summary 完成問題の答え ⟹ (1) 所有物　(2) 取引　(3) 借りる　(4) 所有　(5) 主要　(6) デリバリー　(7) 欠点　(8) 相互　(9) 専門的　(10) 責任　(11) 産業　(12) オンライン　(13) 郵送料

Maki is studying in the USA. She reads an article on the sharing economy.

教科書 pp.104～105

本文を読もう　意味のまとまりを意識しながら読もう。

▶解説 ① The phrase "sharing economy" (シェアリングエコノミー) / was included in the *Oxford English Dictionary* (オックスフォード英語辞典) / in 2015. // ② In a sharing economy, / people share possessions (NW 所有(物)) and services / either (KP AまたはB) for free or for payment (NW 支払い). // ▶解説 ③ The sharing is often a person-to-person (個人対個人の) trade (NW 取引) / based on (～を基盤とした) the Internet. //

④ The basic idea of a sharing economy / is not new. // ▶解説 ⑤ Suppose (NW ～だと思う，想定する) / you buy a comic book. // ▶解説 ⑥ If you lend (NW ～を貸す) it to your friend, / your friend can read it / without buying (～を買わずに) it. // ⑦ In return (KP お返しに), / your friend may buy you lunch. // ⑧ Both of you will be satisfied. //

▶解説 ⑨ Recent advances (NW 進歩) in ICT / have changed such a small-scale (小規模の), individual (NW 個人的な) activity / into a new business model. // ⑩ Now you can rent (NW ～を(有料で)借りる) anything / just by tapping the screen of your smartphone. // ▶解説 ⑪ Ten years from now, / the sharing economy will have changed (HU 変えてしまっているだろう) our concept of ownership (NW 所有(権)). // ▶解説 ⑫ You will actually own (～を所有する) something / only when you need to own it. //

読解のポイント

- ▶ シェアリングエコノミーとは何か。
- ▶ 個人間のシェアリングエコノミーにはどのような例があるか。
- ▶ シェアリングエコノミーは私たちの所有の概念をどのように変えるか。

① The phrase "sharing economy" was included in the *Oxford English Dictionary* in 2015.

was included は〈be 動詞＋過去分詞〉の受動態で，「掲載された」という意味を表す。ここでは included ～ in ...「～を…(の中)に含めた，入れた」が was included in という受動態の形で用いられている。

③ The sharing is often a person-to-person trade based on the Internet.

・person-to-person「個人対個人の」 trade を修飾している。

・based on「～を基盤とした」 前置詞 on の後に名詞を続ける。

⑤ Suppose you buy a comic book.

〈suppose ＋ that 節 ～〉で「(仮に)～としよう」という〈仮定〉の意味を表す。what if ～に置き換えることができる。

確認問題 ⑤の英文の訳を完成させなさい。

あなたが（　　　　　　　　　　　　　　　　　　　　）。

⑥ If you lend it to your friend, your friend can read it without buying it.

If は「もし～なら」という〈条件〉を表す接続詞。後に〈S ＋ V〉の文が続く。

・without *do*ing「～せずに」 ここでは，buying が it を伴って「それを買わずに」という意味を表す。

⑨ Recent advances in ICT have changed such a small-scale, individual activity into a new business model.

have changed は「変えた」という〈完了・結果〉を表す現在完了。changed は change の過去分詞形。〈have / has ＋過去分詞〉で「(今)～してしまった」という意味を表す。

⑪ Ten years from now, the sharing economy will have changed our concept of ownership.

will have changed は「変えてしまっているだろう」という〈完了・結果〉を表す未来完了。changed は change の過去分詞形。〈will have ＋過去分詞〉で，未来のある時点までに「～してしまっているだろう」という意味を表す。HU

・ownership「所有(権)」 名詞の owner は「所有者」という意味を表す。

確認問題 日本文に合う英文になるように，（　）内の語句を並べかえなさい。

彼は来週までにはロンドンに到着しているでしょう。

He (London / arrived / in / next week / have / by / will).

⑫ You will actually own something only when you need to own it.

・own「～を所有する」 ここでは他動詞。形容詞も同じく own。

確認問題の答え ⑤ マンガを買うとしましょう ⑪ will have arrived in London by next week

Part 2 Maki learns about service sharing as part of the sharing economy.

教科書 pp.106～107

本文を読もう 意味のまとまりを意識しながら読もう。

① Service sharing is / a major (NW 主要な) part of the sharing economy. // ② (解説) An example of service sharing / is ridesharing (ライドシェアリング), / which is now common in the USA. // ③ (解説) Drivers use their own cars / in their free time / to give people rides (～を乗せる). // ④ (解説) If you enter (～を入力する) your destination / into your smartphone app, / a nearby (近くの) rideshare driver will soon come / to pick you up (KP ～を車で迎えに来る). // ⑤ (解説) It will probably be quicker and cheaper / than taking a taxi. //

⑥ Restaurant food delivery (NW デリバリー) / is another example of service sharing. // ⑦ (解説) Customers place their orders (注文する) online (オンラインで), / and the restaurant prepares the food. // ⑧ Delivery people then use their own cars, motorbikes (NW バイク), or bicycles / to deliver (NW 配達する) from the restaurant to customers' homes. // ⑨ (解説) This service benefits (NW ～の利益になる) / everyone involved (関係者全員). // ⑩ Restaurants can expand (NW ～を拡大する) their sales, / delivery people can earn extra money, / and customers can enjoy restaurant food at home. // ⑪ (解説) The sharing economy enables (NW ～を可能にする) people / to enjoy a win-win (NW 双方が満足できる) situation. //
(HU シェアリングエコノミーのおかげで人々は～できる)

読解のポイント

- ライドシェアリングとはどのようなサービスか。
- フードデリバリーとはどのようなサービスか。

② An example of service sharing is ridesharing, which is now common in the USA.
関係代名詞の前にコンマがある形を関係代名詞の継続用法という。ここでは，先行詞の ridesharing を which 以下で補足的に説明している。

③ Drivers use their own cars in their free time to give people rides.
to give は〈to ＋動詞の原形〉の形で，副詞的用法の不定詞。「～するために」という意味を表し，文の動詞 use の〈目的〉を表す。
・give ～ a ride「～を乗せる」

④ If you enter your destination into your smartphone app, a nearby rideshare driver will soon come to pick you up.
If は「もし～なら」という〈条件〉を表す接続詞。後に〈S ＋ V〉の文が続く。
・nearby「近くの」 ここでは形容詞。副詞も同じく nearby。

⑤ It will probably be quicker and cheaper than taking a taxi.
quicker は形容詞 quick，cheaper は形容詞 cheap の比較級。〈比較級＋ than ～〉は 2 つのものを比べて，「～よりも…だ」という意味を表す。比較級はふつう形容詞や副詞の語尾に -(e)r をつける。副詞の probably「おそらく」が助動詞と be 動詞の間に置かれている。It は④を指す。

⑤の英文の訳を完成させなさい。
それはおそらく，（　　　　　　　　　　　　　　　　　　　　　　　　）。

⑦ Customers place their orders online, and the restaurant prepares the food.
・place an order「注文する」
・online「オンラインで」 ここでは副詞。形容詞も同じく online「オンラインの」。

⑨ This service benefits everyone involved.
everyone involved は「関係者全員」という意味を表す。形容詞の involved「関係して，参加して」が後ろから everyone を修飾している。This service は⑦・⑧を指す。

⑪ The sharing economy enables people to enjoy a win-win situation.
無生物主語構文。〈enable ＋ O(人) ＋ to- 不定詞〉で「O(人)が～できるようにする」という意味を表す。「人」を主語にすると自然な日本語訳になる。HU

日本文に合う英文になるように，（　）内の語を並べかえなさい。
奨学金のおかげで，彼は大学へ行くことができました。
The (to / him / university / to / scholarship / go / allowed).

⑤ タクシーに乗るよりも速くて安いでしょう　⑪ scholarship allowed him to go to university

LESSON 9

Part 3 Maki finds that the sharing economy also has problems.

教科書 pp.108 ～ 109

本文を読もう 意味のまとまりを意識しながら読もう。

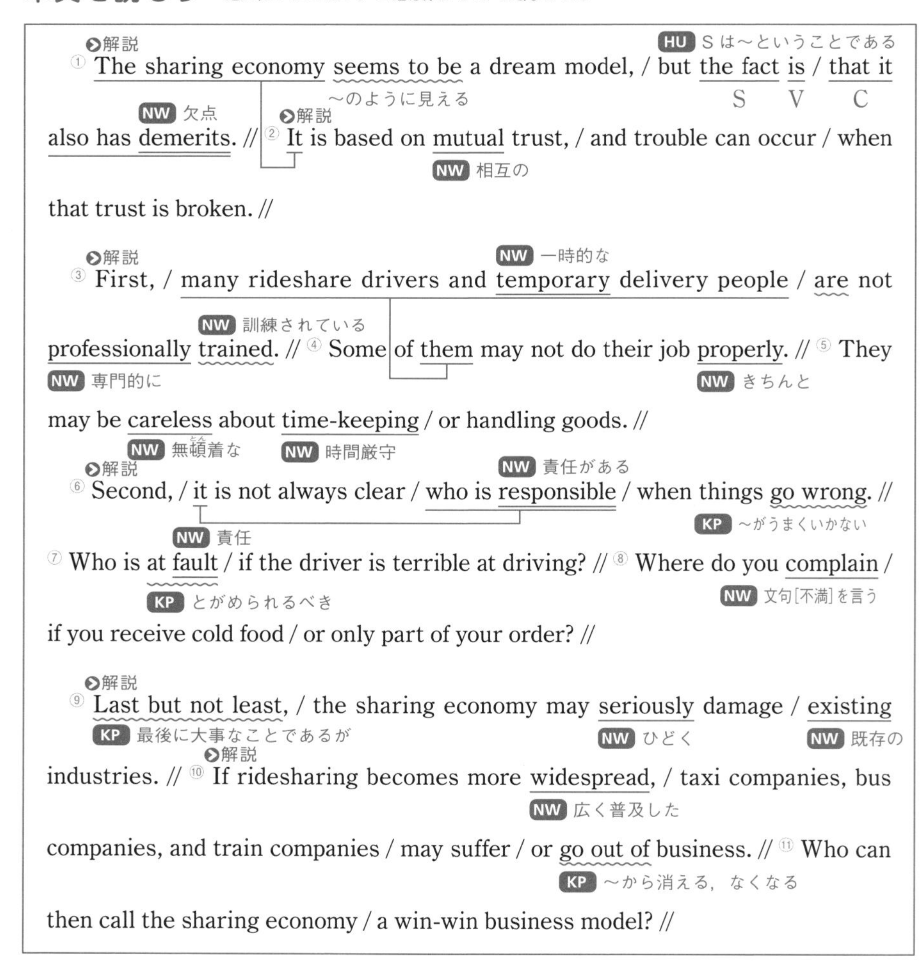

▶解説 HU Sは～ということである

① The sharing economy seems to be a dream model, / but the fact is / that it also has demerits. //

～のように見える　S V C　NW 欠点

▶解説 ② It is based on mutual trust, / and trouble can occur / when that trust is broken. //

NW 相互の

▶解説 NW 一時的な

③ First, / many rideshare drivers and temporary delivery people / are not professionally trained. //

NW 訓練されている　NW 専門的に

④ Some of them may not do their job properly. //

NW きちんと

⑤ They may be careless about time-keeping / or handling goods. //

NW 無頓着な　NW 時間厳守

▶解説 NW 責任がある

⑥ Second, / it is not always clear / who is responsible / when things go wrong. //

KP ～がうまくいかない　NW 責任

⑦ Who is at fault / if the driver is terrible at driving? //

KP とがめられるべき

⑧ Where do you complain / if you receive cold food / or only part of your order? //

NW 文句[不満]を言う

▶解説

⑨ Last but not least, / the sharing economy may seriously damage / existing industries. //

KP 最後に大事なことであるが　NW ひどく　NW 既存の

▶解説 ⑩ If ridesharing becomes more widespread, / taxi companies, bus companies, and train companies / may suffer / or go out of business. //

NW 広く普及した　KP ～から消える，なくなる

⑪ Who can then call the sharing economy / a win-win business model? //

読解のポイント

▶ シェアリングエコノミーはどのようなときにトラブルが起こりうるか。

▶ シェアリングエコノミーにはどのような問題点があるか。

① The sharing economy seems to be a dream model, but the fact is that it also has demerits.

後半は〈SVC〉の文。the fact が主語(S), is が動詞(V), that it also has demerits が補語(C)。補語(C) が that 節になっている。「S=C」の関係が成り立つ。HU

・seem to be「〜のように見える」

・demerit「欠点」 反対の意味は merit「利点，長所」。

日本文に合う英文になるように，（ ）内の語を並べかえなさい。

問題は，私がパスワードを忘れたことです。

The (I / is / password / that / my / problem / forgot).

② It is based on mutual trust, and trouble can occur when that trust is broken.

when は〈時〉を表す接続詞で，文と文をつなぐ働きをする。when 節は is broken「壊される」と〈be 動詞 + 過去分詞〉の形の受動態が使われている。broken は break「〜を壊す」の過去分詞形。It は①の The sharing economy を指す。

③ First, many rideshare drivers and temporary delivery people are not professionally trained.

First は「第一に」の意味で，①の demerits の１つ目の内容を伝えている。

・professionally「専門的に」 形容詞は professional「専門的な」。

⑥ Second, it is not always clear who is responsible when things go wrong.

Second は「第二に」の意味で，①の demerits の２つ目の内容を伝えている。it は形式主語で，真の主語は間接疑問の who is responsible。not always は「必ずしも〜ではない」という意味で，部分否定を表す。

⑥の英文の訳を完成させなさい。

第二に，物事がうまくいかないときに（　　　　　　　　　　　　）。

⑨ Last but not least, the sharing economy may seriously damage existing industries.

Last but not least は「最後に大事なことであるが」という意味の熟語で，①の demerits の最後の内容を伝えている。

⑩ If ridesharing becomes more widespread, taxi companies, bus companies, and train companies may suffer or go out of business.

If は「もし〜なら」という〈条件〉を表す接続詞。more widespread は形容詞 widespread の比較級。widespread などのつづりの長い語は，前に more をつけて比較級を作る。

LESSON 9

確認問題の答え

① problem is that I forgot my password ⑥ だれに責任があるのかが，必ずしも明確ではありません

Maki finds the website of a fashion sharing company in the USA.

教科書 pp.110 ~ 111

本文を読もう　意味のまとまりを意識しながら読もう。

① **Big Dipper Air Wardrobe**
NW 洋服だんす，衣装戸棚

② **Why Do You Still Buy Clothes?**

③ Wait. // ④ (解説) How many times will you wear that dress? // ⑤ (解説) Don't you want to wear something different / every time you go out? // ⑥ (解説) Aren't you tired of having a closet / full of old clothes? //

KP every time ～するときはいつも　KP tired of ～にうんざりする　NW closet クローゼット

⑦ No problem. // ⑧ We are here to help you. // ⑨ Just choose your favorite items / from the great variety online. // ⑩ (解説) Then decide / how long you want to wear them. // ⑪ Any period from one day to one month / is fine. // ⑫ Pay for them / with your credit card. // ⑬ (解説) Within just three or four days, / you will receive / what you want. // ⑭ Enjoy some time / in your favorite clothes. //

KP No problem 問題ない　KP are here to ～するためにここにいる　NW credit クレジット

⑮ After that? // ⑯ Don't worry. // ⑰ Just put the clothes in the box / and send them back to us. // ⑱ No need to pay the postage. // ⑲ (解説) Everything is included / in the rental fee. //

No need to (= There is no need to)　NW postage 郵送料　NW fee 料金　NW rental レンタルの

⑳ (解説) What makes you still buy clothes? // ㉑ Why don't you access our high fashion / without the high price? //

HU What makes you ... buy なぜあなたは～するのか　NW fashion ファッション　high fashion 最新のファッション

読解のポイント

▶ ビッグディッパー・エアワードローブはどのようなサービスを提供しているか。

④ How many times will you wear that dress?
How many times ～？で「何回～しますか」という意味を表し，通常の疑問文が後に続く。

日本文に合う英文になるように，（　）内の語を並べかえなさい。
彼女は何回アメリカに行ったことがありますか。
(times / been / how / she / many / has) to America?

⑤ Don't you want to wear something different every time you go out?
Don't で始まる否定疑問文。自分の意見に相手にも同意して欲しい場合などに使う。something different は「何か違うもの」という意味を表す。something のように -thing で終わる単語を形容詞で修飾するときは〈-thing ＋形容詞〉の語順になることに注意する。
・every time「～するときはいつも」 接続詞なので，後に〈S ＋ V〉の文が続く。

⑥ Aren't you tired of having a closet full of old clothes?
full of は「～でいっぱいの」という意味で，old clothes を伴って a closet を後ろから修飾している。
・be tired of「～にうんざりする」 前置詞 of の後は動名詞［名詞］が続く。

⑩ Then decide how long you want to wear them.
How long do you want to wear them? という疑問文が組み込まれた間接疑問文。how long you want to wear them は decide の目的語。このように疑問詞で始まる節が動詞の目的語になっているものを間接疑問といい，〈疑問詞＋ S' ＋ V'〉の語順になる。them は⑨の your favorite items を指す。

⑬ Within just three or four days, you will receive what you want.
what は先行詞を含む関係代名詞で「～するもの［こと］」という意味を表す。ここでは what you want「あなたの欲しいもの」が receive の目的語になっている。

⑲ Everything is included in the rental fee.
is included は〈be 動詞＋過去分詞〉の受動態で，「含まれている」という意味を表す。ここでは include ～ in ...「～を…(の中)に含める，入れる」が is included in という受動態の形で用いられている。

⑳ What makes you still buy clothes?
〈make ＋ O(人)＋原形不定詞〉で「O(人)に～させる」という意味を表す無生物主語構文。「人」を主語にすると自然な日本語訳になる。HU

⑳の英文の訳を完成させなさい。
なぜ（　　　　　　　　　　　　　　　　　　　　　　　　）。

確認問題の答え　④ How many times has she been　⑳ あなたはまだ服を買うのですか

LESSON 9

文法のまとめ

A 「未来のある時点のこと」を,「それより前のこと」と関連して示す ー **未来完了〈will have + 過去分詞〉**

Jim **will have written** his first novel by next month.
(未来のある時点: by next month / 〈will have + 過去分詞〉(完了・結果))
来月までにはジムは初めての小説を**書き終えているだろう**。

If I see the movie again, I **will have seen** it *three times*.
(未来のある時点: If I see the movie again / 〈will have + 過去分詞〉(経験))
もう一度その映画を見たら,3回**見たことになります[なるでしょう]**。

I **will have been** in Los Angels *for a week* tomorrow.
(未来のある時点: tomorrow / 〈will have + 過去分詞〉(状態の継続))
明日で私はロサンゼルスに1週間**いることになる[なるだろう]**。

例文

I **will have finished** my homework by 8 p.m.
午後8時までには私は宿題を**終えているだろう**。

If I go to Australia again, I **will have been** there *four times*.
もう一度オーストラリアに行ったら,4回**行ったことになる**。

We **will have been married** *for ten years* next year.
来年で私たちは10年間**結婚していることになる**。

演習問題

1 次の日本文に合う英文になるように，（　）内の語を適する形にかえて，空所に書きなさい。

(1) 午後４時で私はカフェに２時間いることになります。
I ________ ________ ________ in the cafe for two hours at 4 p.m.　(be)

(2) 明日の正午までには彼は家を出発しているでしょう。
He ________ ________ ________ home by tomorrow noon.　(leave)

(3) 私の父がもう一度ニューヨークを訪れたら，彼はそこへ２回行ったことになります。
My father ________ ________ ________ New York twice if he goes there again.　(visit)

2 次の英文を日本語にしなさい。

(1) He will have been a doctor for 20 years next year.
(　　　　　　　　　　　　　　　　　　　　　　)

(2) I will have sent an e-mail by 10 a.m.
(　　　　　　　　　　　　　　　　　　　　　　)

(3) If I get on the plane next time, I will have been on 100 times.
(　　　　　　　　　　　　　　　　　　　　　　)

3 次の日本文に合う英文になるように，（　）内の語句を並べかえて全文を書きなさい。

(1) 午後６時までには彼は家に着いているでしょう。
(will / he / by / got / have / home) 6 p.m.

____

(2) 来年で私たちは知り合って５年になります。
(will / for / we / five / have / each other / years / known) next year.

____

(3) もう一度そのテレビゲームをしたら，４回したことになります。
If I (will / played / I / again / the video game / play / have / it / ,) four times.

____

演習問題の答え　**1**(1) will have been ▶ 状態の継続を表す未来完了。 (2) will have left ▶ 完了・結果を表す未来完了。 (3) will have visited ▶ 経験を表す未来完了。 **2**(1) 来年で彼は20年間医者をやっていることになる。 (2) 午前10時までには私はメールを送り終えているだろう。 (3) 次回飛行機に乗ったら，100回乗ったことになる。 **3**(1) He will have got home by 6 p.m.　(2) We will have known each other for five years next year.　(3) If I play the video game again, I will have played it four times.

B 「物・事」を主語にして表現する ― 無生物主語構文

This medicine will **make** you feel better.
物
この薬はあなたを気分よくさせるでしょう。
→この薬を飲めば(あなたは)気分がよくなるでしょう。

This bus will **take** you to the airport.
物
このバスはあなたを空港へ連れて行きます。
→このバスに乗ると(あなたは)空港に行けるでしょう。

What **makes** you feel so angry?
何があなたをそんなに怒らせるのか。
→なぜあなたはそんなに怒っているのか。

His advice **enabled** us to develop this product.
彼の助言は私たちがこの商品を開発することを可能にした。
→ 彼の助言のおかげで私たちはこの商品を開発することができた。

C 補語として働く that 節 ― SVC (C=that 節)

that 節
The trouble is **that** he can't drive.
S V C
問題は，彼は車の運転ができないということです。
※ that 節以下の内容が主語を補う。

例文

The fact is **that** she lives in Boston.
実は，彼女はボストンに住んでいる。

The truth is **that** he is not a student.
真実は，彼は学生ではないということだ。

演習問題

1 次の日本文に合う英文になるように，空所に適する語を書きなさい。

(1) 飛行機のおかげで私たちは世界中を旅することができます。
The airplane ________ ________ ________ ________ around the world.

(2) 実は，彼は３年前にこの町を去ったのです。
________ ________ is ________ he left this town three years ago.

(3) そのニュースを聞いて私はうれしくなりました。
The news ________ ________ happy.

(4) 問題は，台風が接近しているということです。
________ ________ is ________ the typhoon is approaching.

2 次の英文を日本語にしなさい。

(1) A few minutes' walk will take you to the station.
(　　　　　　　　　　　　　　　　　　　　　　　　)

(2) What makes you cry?
(　　　　　　　　　　　　　　　　　　　　　　　　)

(3) The trouble is that I lost my ticket.
(　　　　　　　　　　　　　　　　　　　　　　　　)

3 次の日本文に合う英文になるように，(　) 内の語句を並べかえて全文を書きなさい。

(1) 問題は，彼女はコンピュータが使えないということです。
(that / the trouble / can't / she / is / the computer / use).

____

(2) このアプリのおかげで，(私たちは)今どこにいるかわかります。
(are / enables / this / us / we / know / where / to / app) now.

____

演習問題の答え **1**(1) enables us to travel ▶ 物が主語の無生物主語構文。 (2) The fact, that ▶ SVC (C=that 節) の文。 (3) made me (4) The trouble, that **2**(1) 数分歩けば(あなたは)駅に行けるだろう。 (2) なぜあなたは泣いているのか。 (3) 問題は，私がチケットをなくしたということだ。 **3**(1) The trouble is that she can't use the computer. (2) This app enables us to know where we are now.

Key Phrase のまとめ

(ページ)

104	□ **either A or B** ▶ not either A or B「A でも B でもない」は neither A nor B で言い換えることができる。	A または B
104	□ **in return** I cooked dinner for her *in return* for her help. (私は手伝ってくれたお返しに，彼女に夕飯を作った)	お返しに
106	□ **pick up** I'll *pick* you *up* at the station around ten. (10 時頃，駅に車であなたを迎えに来る)	～を車で迎えに来る
108	□ **go wrong** ▶ wrong は「間違った」という意味。go wrong で「間違った方向に進む」イメージ。	～がうまくいかない
108	□ **at fault** ▶ fault は「責任，誤り」という意味。 He is *at fault* for the accident.（その事故では彼がとがめられるべきだ）	とがめられるべき
108	□ **last but not least** ▶ last は「最後に」，little の最上級 least は「最小の」という意味。least の前の not の位置に注意。	最後に大事なことであるが
108	□ **go out of** ▶ go out of business で「倒産する」という意味。	～から消える，なくなる
110	□ **every time** My sister treats me *every time* we eat out. (私の姉は外食するときはいつもおごってくれる)	～するときはいつも
110	□ **be tired of** ▶ be tired of *doing* で「～することにうんざりする」という意味。	～にうんざりする
110	□ **no problem** ▶「どういたしまして」という意味でも使われる。	問題ない
110	□ **be here to *do*** I'*m here to teach* you English. (私はあなたに英語を教えるためにここにいる)	～するためにここにいる

演習問題

1 次の日本文に合う英文になるように，空所に適する語を書きなさい。

(1) お返しに，私は彼に１杯のコーヒーをおごるでしょう。
_________ _________, I'll buy him a cup of coffee.

(2) 最後に大事なことですが，この書類は手書きしなければなりません。
_________ but _________ _________, you must write this document by hand.

(3) そのイベントはうまくいきませんでした。
The event _________ _________.

(4) 彼女は出かけるときはいつも帽子をかぶっています。
She wears a cap _________ _________ she goes out.

(5) 私は祖母を助けるためにここにいます。
I _________ _________ _________ help my grandmother.

(6) 私はテニス部またはサッカー部に入るでしょう。
I will join _________ the tennis club _________ the soccer club.

2 次の英文を日本語にしなさい。

(1) Could you pick me up at my house?
(　　　　　　　　　　　　　　　　　　　　　　　　)

(2) Who is at fault if the plan fails?
(　　　　　　　　　　　　　　　　　　　　　　　　)

(3) I am tired of getting on crowded trains.
(　　　　　　　　　　　　　　　　　　　　　　　　)

(4) That company went out of business last year.
(　　　　　　　　　　　　　　　　　　　　　　　　)

(5) I see no problem with my health.
(　　　　　　　　　　　　　　　　　　　　　　　　)

演習問題の答え **1**(1) In return (2) Last, not least (3) went wrong (4) every time (5) am here to (6) either, or **2**(1) 私の家まで車で迎えに来ていただけますか。(2) その計画が失敗したらだれがとがめられるべきか。(3) 私は混雑した電車に乗ることにうんざりしている。(4) あの会社は昨年倒産した。(5) 私は自分の健康は問題ないと思う。

定期テスト対策問題

語い・表現

1 次の各組で下線部の発音がほかと異なるものを選び，記号で答えなさい。

□(1) ア enable　イ major　ウ trade　エ delivery　〔　　〕
□(2) ア possession　イ existing　ウ expand　エ deliver　〔　　〕
□(3) ア motorbike　イ temporary　ウ suppose　エ postage　〔　　〕

2 次の日本文に合う英文になるように，空所に適する語を書きなさい。

□(1) 私は彼の話を聞くことにうんざりしています。
I am ＿＿＿＿ ＿＿＿＿ listening to his story.

□(2) 私の母は午後3時に私を車で迎えに来るでしょう。
My mother will ＿＿＿＿ ＿＿＿＿ ＿＿＿＿ at 3 p.m.

□(3) 私たちのプロジェクトはうまくいきませんでした。
Our project ＿＿＿＿ ＿＿＿＿.

文法

3 次の日本文に合う英文になるように，(　) 内の語句を並べかえて全文を書きなさい。

□(1) 問題は，私たちに十分なお金がないことです。
(money / don't / that / enough / the trouble / we / have / is).

＿＿＿＿＿＿＿＿＿＿＿＿＿＿＿＿＿＿＿＿＿＿＿＿

□(2) 来年で彼女はこの町に10年住んでいることになります。
(years / have / for / she / in / lived / this town / ten / will) next year.

＿＿＿＿＿＿＿＿＿＿＿＿＿＿＿＿＿＿＿＿＿＿＿＿

4 次の各組がほぼ同じ内容になるように，空所に適する語を書きなさい。

□(1) If you watch this movie, you will feel happy.
This movie ＿＿＿＿ ＿＿＿＿ ＿＿＿＿ feel happy.

□(2) Actually, he is a famous movie star.
＿＿＿＿ ＿＿＿＿ is ＿＿＿＿ he is a famous movie star.

□(3) Thanks to his advice, we could solve this problem.
His advice ＿＿＿＿ us ＿＿＿＿ ＿＿＿＿ this problem.

5 次の（ ）内の語を適する形にかえて，空所に書きなさい。ただし１語とは限りません。

□(1) I will ________ my work by 6 p.m. (finish)

□(2) If I see Michael again, I will ________ him four times. (see)

□(3) I will ________ in Japan for three years next year. (live)

読解

6 次の英文を読んで，あとの問いに答えなさい。

The phrase "sharing economy" was included in the *Oxford English Dictionary* in 2015. In a sharing economy, people share possessions and services ①(　　) for free (　　) for payment. The sharing is often a person-to-person trade based on the Internet.

The basic idea of a sharing economy is not new. Suppose you buy a comic book. If you lend it to your friend, your friend can read it without buying it. In return, your friend may buy you lunch. Both of you will be satisfied.

②Recent advances in ICT have changed such a small-scale, individual activity into a new business model. Now you can rent anything just by tapping the screen of your smartphone. ③Ten years from now, (our / will / changed / concept / the sharing economy / of / ownership / have). You will actually own something only when you need to own it.

□(1) 下線部①が「無償または有償のどちらかで」という意味になるように，（ ）に適切な語を入れなさい。

________ for free ________ for payment

□(2) 下線部②の英文を日本語にしなさい。

(　　　　　　　　　　　　　　　　　　　　)

□(3) 下線部③が「今から10年後には，シェアリングエコノミーは私たちの所有の概念を変えてしまっているでしょう」という意味になるように，（ ）内の語句を並べかえて全文を書きなさい。

____

(4) 次の日本文が本文の内容に合っていれば○を，合っていなければ×を書きなさい。

□(a) シェアリングエコノミーにおける共有はしばしば，インターネットを基盤とした個人対個人の取引です。〔　　〕

□(b) シェアリングエコノミーの基本的な考えはまったく新しいものです。〔　　〕

定期テスト対策問題の解答・解説

1 (1) エ (2) ア (3) イ

解説 (1) delivery の e のみ [ɪ], その他は [eɪ]。
(2) possession の e のみ [e], その他は [ɪ]。
(3) temporary の o のみ [ə], その他は [oʊ]。

2 (1) tired of (2) pick me up (3) went wrong

解説 (1) 「～にうんざりする」は **be tired of**。
(2) 「～を車で迎えに来る」は **pick ～ up**。
(3) 「～がうまくいかない」は **go wrong**。

3 (1) The trouble is that we don't have enough money.
(2) She will have lived in this town for ten years next year.

解説 (1) **SVC(C=that 節)**の文を完成させる。
(2) 未来完了〈**will have + 過去分詞**〉で「未来のある時点のこと」を「それより前のこと」と関連して示す。

4 (1) will make you (2) The fact, that (3) enabled, to solve

解説 (1) 「この映画を観れば(あなたは)幸せを感じるでしょう」 This movie が主語の無生物主語構文にする。
(2) 「実は，彼は有名な映画スターです」 The fact から始まる **SVC (C=that 節)** の文にする。
(3) 「彼の助言のおかげで私たちはこの問題を解決することができました」 His advice が主語の無生物主語構文にする。**enable ～ to ...**で「～が…できるようにする」という意味になる。to を忘れないように注意。

5 (1) have finished (2) have seen (3) have lived

解説 (1) 「午後6時までには私は仕事を終えているだろう」 完了・結果を表す未来完了〈**will have + 過去分詞**〉の文。
(2) 「もう一度マイケルに会ったら，4回会ったことになる」 経験を表す未来完了〈**will have + 過去分詞**〉の文。
(3) 「来年で私は日本に3年間住んでいることになる」 状態の継続を表す未来完了〈**will have + 過去分詞**〉の文。

6 (1) either, or

(2) 近年のICTの進歩は，そのような小規模で個人的な活動を，新たなビジネスモデルへと変えました。

(3) Ten years from now, the sharing economy will have changed our concept of ownership.

(4) (a) ○ (b) ×

解説 (1)「AまたはB」は **either A or B**。

(2) Recent advances in ICTが主語。**change A into B**は「AをBに変える」という意味を表す。such a small-scale, individual activityをa new business modelに変える。

(3) 未来完了〈**will have + 過去分詞**〉で「未来のある時点のこと」を「それより前のこと」と関連して示す。**Ten years from now**「今から10年後」という未来のある時点を指す。

(4) (a) 第1段落第3文参照。所有物やサービスの共有はしばしばインターネットを基盤とした個人対個人の取引なので，合っている。

(b) 第2段落第1文参照。シェアリングエコノミーの基本的な考えは新しくないので，合わない。

LESSON 10

Sand and Concrete: A Basis of Our Life

Preview

Introduction

砂とコンクリートがテーマ。コンクリートは，砂，小石，セメント，水の混合物である。コンクリートがなければ，たいていの現代の建物は建てられないだろう。しかしながら，人々は今，コンクリートを作るのに不可欠な砂の不足に直面している。コンクリートの歴史や砂を採掘することの問題点を知り，砂をもっと賢く使う方法について考えてみよう。

● Part 別に Summary を完成させよう

Part 1 コンクリートにはどのような歴史がありますか。

コンクリートの歴史は，古代ローマの時代にさかのぼる。当初，コンクリートは（　　(1)　　）灰や石灰岩，砂，そして石と水を混ぜ合わせて作られ，橋やドームを建設するのに使われていた。19 世紀になると，コンクリートを（　　(2)　　）で補強することで，（　　(3)　　）ビルさえも建設することができるようになった。

Part 2 コンクリートを作るのが難しくなってきた原因は何ですか。

人々は今，コンクリートを作るのに不可欠な砂の（　　(4)　　）に直面している。（　　(5)　　）の砂は小さく丸すぎて，セメントとよく混ざらない。砂浜の砂はしばしば塩を含み，鉄筋コンクリートの鉄をさびつかせてしまう。加えて，砂はコンクリートを作る以外の目的にも使用される。ある報告によると，現在，世界では 1 年に 400 億トンの砂が必要とされている。これは，世界の河川によって毎年堆(たい)積する砂の，（　　(6)　　）以上の量である。

Part 3 砂を採掘することの問題点は何ですか。

多くの国が砂を必要としているが，砂の採掘は重大な（　　(7)　　）を引き起こす。コンクリートの需要が高いインドでは，州政府が環境を守るために砂の採掘を（　　(8)　　）しているが，大金を生み出す砂をめぐる争いは後を絶たない。コンクリートに基づいた文明を持続可能にするために，私たちは砂をもっと（　　(9)　　）使う方法について考える必要がある。

Part 4 シンガポールの領土の拡大はどのような問題を引き起こしましたか。

シンガポールは人口の急増に伴い，砂を輸入し，海を埋め立てて陸地にした。最近まで（　(10)　）諸国から砂を輸入していたが，大量の砂の採掘は，それらの国々の環境に被害を与えた。シンガポールは今，砂不足を（　(11)　）ために，より少ない砂で埋め立てて陸地にすることや，埋め立てに古い建築資材を利用することを試みている。

Grammar

A どんな「時」か，補足的に説明する — **関係副詞 when の継続用法（～, when ...）**

The history of concrete dates back to *the time of ancient Rome*, **when** people mixed volcanic ash, limestone, sand, and stones with water. 〈Part 1, *l*.6〉

コンクリートの歴史は，古代ローマの時代にさかのぼり，**その頃**人々は，火山灰や石灰岩，砂，そして石を水と混ぜ合わせていました。

B 複合関係代名詞の使い方 — **whoever「～する人はだれでも」, whatever「～するものは何でも」**

Indian “sand mafias” do **whatever** they can do to control the sand business.

〈Part 3, *l*.10〉

インドの「砂マフィア」は，砂の売買を支配するために**できることは何でも**します。

C 疑問文の語順にして表現する — **倒置「～もそうだ」「～もそうではない」**

Indonesia banned the export of sand in 2007, and **so** *did Malaysia* in 2018.

〈Part 4, *l*.14〉

インドネシアは2007年に砂の輸出を禁止し，マレーシアも2018年に**そのようにした。**

● Summary 完成問題の答え ⟹ (1) 火山　(2) 鉄　(3) 超高層　(4) 不足　(5) 砂漠　(6) 2倍　(7) 環境被害　(8) 規制　(9) 賢く　(10) 近隣　(11) 乗り越える［克服する］

Part 1 Ms. White introduces the history of concrete to the class.

教科書 pp.116～117

本文を読もう　意味のまとまりを意識しながら読もう。

① Concrete is a mixture / of sand, small stones, cement, and water. // ② As you know, / our school building is made of concrete. // ③ Without concrete, / most modern buildings could not be built. // ④ In one sense, / concrete can be called / the backbone of our modern civilization. //

(NW Concrete コンクリート / NW sand 砂 / cement セメント / ▶解説 As you know ご存じのように / KP is made of ～でできている / ▶解説 KP In one sense ある意味では / NW backbone 根幹 / NW civilization 文明)

⑤ The history of concrete / dates back to the time of ancient Rome, / when people mixed volcanic ash, limestone, sand, and stones / with water. // ⑥ On drying, / the mixture hardened / and could be used / to build bridges and domes. // ⑦ The mixture could even be made / at the building site. // ⑧ People no longer had to transport heavy stones and bricks / to make their buildings. //

(▶解説 dates back to ～にさかのぼる / Rome ローマ / HU when (=and then) / NW volcanic 火山の / NW ash 灰 / limestone 石灰岩 / KP On drying ～するとすぐに / NW hardened 固まった / domes ドーム / building site 建設現場 / ▶解説 ⑧ / NW transport ～を運ぶ / NW bricks レンガ)

⑨ In the 19th century, / people began to reinforce concrete / with iron. // ⑩ This reinforced concrete is strong / even when it is pushed or pulled. // ⑪ This made it possible for people / to build taller and larger buildings / and even skyscrapers. //

(NW reinforce ～を補強する / NW iron 鉄 / ▶解説 This reinforced concrete / even ～でさえ / ▶解説 This made it possible for people to ～が…することを可能にした / NW skyscrapers 超高層ビル)

読解のポイント

- コンクリートは何でできているか。
- コンクリートにはどのような歴史があるか。
- 鉄筋コンクリートの発明は何を可能にしたか。

② As you know, our school building is made of concrete.

・is made of「～でできている」 学校の建物がコンクリートでできているというように，見た目で材料が判断できる場合には be made of，判断できない場合には be made from を使う。

日本文に合う英文になるように，____ に適する語を書きなさい。

その靴は革でできています。

The shoes __________ __________ __________ leather.

④ In one sense, concrete can be called the backbone of our modern civilization.

can be called は can の後に受動態〈be 動詞＋過去分詞〉がきた形。ここでは〈SVOC〉の文が受動態で用いられており，「呼ぶことができる[呼ばれることができる]」という意味を表す。

・civilization「文明」 動詞は civilize「～を文明化する」。

⑤ The history of concrete dates back to the time of ancient Rome, when people mixed volcanic ash, limestone, sand, and stones with water.

関係副詞 when の継続用法を使った文。ここでは when 以下で the time of ancient Rome を補足的に説明している。when は and then に置き換えることができる。HU

・date back to「～にさかのぼる」

⑧ People no longer had to transport heavy stones and bricks to make their buildings.

to make は〈to ＋動詞の原形〉の形で，副詞的用法の不定詞。「作るために」という意味を表し，文の動詞 transport の〈目的〉を表す。

⑩ This reinforced concrete is strong even when it is pushed or pulled.

when は〈時〉を表す接続詞で，文と文をつなぐ働きをする。

・even「～でさえ」 when 節を修飾している。

⑪ This made it possible for people to build taller and larger buildings and even skyscrapers.

make it possible (for ...) to ～で「(…が)～することを可能にする」という意味を表す。ここでは it は形式目的語で，真の目的語は to build taller and larger buildings and even skyscrapers。

⑪の英文の訳を完成させなさい。

このおかげで，（　　　　　　　　　　　　　　　　　　　　　）。

LESSON 10

② are made of　⑪ 人々はより高くてより大きな建物や，超高層ビルさえも建設することができるようになりました[これは，人々が，より高くてより大きな建物や，超高層ビルを建設することさえも可能にしました]

Part 2 Ms. White explains that making concrete has gradually become difficult due to a lack of sand.

教科書 pp.118～119

本文を読もう　意味のまとまりを意識しながら読もう。

①Concrete is cheap, strong, / and easy to make at the building site. //
②However, / people now face a shortage of the sand / that is essential for making concrete. //

（face：～に直面する　NW shortage：不足）

③You may think / that the world's deserts and beaches / have an unlimited supply of sand. // ④However, / desert sand is too small and round, / and it does not mix well with cement. // ⑤Beach sand often includes salt, / which rusts the iron in reinforced concrete. //

（may：～かもしれない　NW deserts：砂漠　NW unlimited：無限の　NW supply：供給量　NW rusts：～をさびつかせる）

⑥In addition, / sand is used for purposes / other than making concrete. // ⑦For example, / it is used for reclaiming land from the sea. // ⑧It is also used for making industrial materials / such as glass, asphalt, and silicone. // ⑨Moreover, / it is used in various commodities, / including toothpaste and cosmetics. //

（KP other than：～以外　NW reclaiming：～を干拓してつくる　NW industrial：工業（用）の　asphalt：アスファルト　silicone：シリコーン　HU NW commodities：商品，日用品　NW toothpaste：歯磨き粉　NW cosmetics：化粧品）

⑩According to a report, / now the world needs 40 billion tons of sand / per year. // ⑪This is more than double the amount of sand / deposited each year / by the world's rivers. //

（more than：～以上　NW double：２倍の　deposited：堆積(たいせき)される）

読解のポイント

- 人々は今，何の不足に直面しているか。
- 砂漠や砂浜の砂にはどのような性質があるか。
- コンクリート以外の砂の用途は何か。
- 世界で必要とされている砂の量はどのくらいか。

① Concrete is cheap, strong, and easy to make at the building site.

〈S + be 動詞 + 形容詞 + to *do*〉で「S は〜するのが…だ」という意味を表し，形容詞が難易度を表すものである場合によく使われる。

確認問題

日本文に合う英文になるように，＿＿ に適する語を書きなさい。

その問題は解くのが難しいです。

The problem is ＿＿＿＿＿＿ ＿＿＿＿＿＿ ＿＿＿＿＿＿.

② However, people now face a shortage of the sand that is essential for making concrete.

that is essential for making concrete は先行詞 the sand を修飾する関係代名詞節。that は関係代名詞節の中で主語の働きをしている。先行詞が〈物・事〉を表すとき，主格の関係代名詞は that[which]を使う。

・face「〜に直面する」 ここでは動詞。

・shortage「不足」 形容詞は short「不足して」。

③ You may think that the world's deserts and beaches have an unlimited supply of sand.

〈think + that 節〉は「〜と思う」という意味を表す。この that は「〜ということ」の意味の接続詞で，後に〈S + V〉の文が続く。

・may「〜かもしれない」 推量の意味を表す。

⑤ Beach sand often includes salt, which rusts the iron in reinforced concrete.

関係代名詞 which の継続用法を使った文。ここでは which 以下の関係代名詞節が先行詞 salt を補足的に説明している。

・rust「〜をさびつかせる」 名詞も同じく rust「さび」。

⑨ Moreover, it is used in various commodities, including toothpaste and cosmetics.

知らない語があっても，その前後の語や文脈から，大まかな意味を推測することができる。commodities「商品」の意味は，直後の including toothpaste and cosmetics「歯磨き粉や化粧品を含む」が手がかりになる。HU

・cosmetics「化粧品」 通例複数形で「化粧品」という意味を表す。

⑪ This is more than double the amount of sand deposited each year by the world's rivers.

deposited「堆積(たい)される」は過去分詞。each year by the world's rivers を伴い，the amount of sand を修飾している。

確認問題の答え

① difficult[hard] to solve

Part 3 Ms. White explains the problems of mining sand.

教科書 pp.120 ～ 121

本文を読もう　意味のまとまりを意識しながら読もう。

① Many countries need sand, / but the mining of sand / causes significant environmental damage. // ② Mining sand from rivers and lakes / may pollute the water / and harm the local wildlife. // ③ Mining sand from the mountains / may lead to landslides. //

NW 名 mining 採掘　NW significant 重大な　NW environmental 環境(へ)の　▶解説 NW 動 Mining ～を採掘する　may ～かもしれない　pollute ～を汚染する　NW harm ～を害する　NW landslides 地すべり

▶解説 ④ In some countries, / sand mining is illegal. // ⑤ In India, / for example, / construction is booming, / and the demand for concrete / is very high. // ▶解説 ⑥ To protect the environment, / Indian state governments regulate the mining of sand. // ⑦ However, / sand mining makes big money. // ▶解説 ⑧ Indian "sand mafias" / do whatever they can do / to control the sand business. // ▶解説 ⑨ Many people have been killed in conflicts over sand. //

illegal 違法の　NW construction 建設，工事　NW is booming 盛んになっている　NW state 州　NW regulate ～を規制する　sand mafias 砂マフィア　NW HU whatever ～するもの[こと]は何でも　NW conflicts 争い

⑩ Our concrete-based civilization is now in danger / due to a shortage of sand. // ▶解説 ⑪ We need to think about / how to use sand more wisely / to make our civilization sustainable. //

NW danger 危機　KP in danger 危機に陥る　due to ～のために　how to use 使う方法　NW wisely 賢く

読解のポイント

- ▶ 砂の採掘は環境にどのような悪影響を与えるか。
- ▶ 砂マフィアとはどのような組織か。
- ▶ コンクリート文明を維持するために私たちがすべきことは何か。

② Mining sand from rivers and lakes may pollute the water and harm the local wildlife.

このMining「～を採掘すること」は動名詞で，文の主語になっている。前文①のminingは名詞「採掘」。

・may「～かもしれない」 推量の意味を表す。

・pollute「～を汚染する」 名詞はpollution「汚染」。

④ In some countries, sand mining is illegal.

このmining「採掘」は名詞。

・illegal「違法の」 反対の意味はlegal「合法の」。

⑥ To protect the environment, Indian state governments regulate the mining of sand.

To protectは〈to＋動詞の原形〉の形で，副詞的用法の不定詞。「守るために」という意味を表し，文の動詞regulateの〈目的〉を表す。

・regulate「～を規制する」 名詞はregulation「規制」。

⑧ Indian "sand mafias" do whatever they can do to control the sand business.

whateverは先行詞を含む複合関係代名詞で「～するものは何でも」という意味を表す。ここではwhatever they can doがdoの目的語になっている。HU

日本文に合う英文になるように，（ ）内の語を並べかえなさい。

好きなものは何でも食べていいですよ。

You (like / eat / you / whatever / can).

⑨ Many people have been killed in conflicts over sand.

have been killedは「殺されている」という〈継続〉を表す現在完了。〈be動詞＋過去分詞〉の受動態が使われており，beenはbe動詞の過去分詞形。〈have / has＋been＋過去分詞〉で「ずっと～されている」という意味を表す。

⑪ We need to think about how to use sand more wisely to make our civilization sustainable.

make our civilization sustainableは〈make＋O＋C〉の形で，「OをC(の状態)にする」という意味を表す。O＝C (our civilization = sustainable)の関係が成り立つ。

・how to *do*「～する方法」

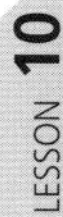

確認問題の答え ⑧ can eat whatever you like

Part 4 Masashi reads an online newspaper article on the lack of sand in Singapore.

教科書 pp.122～123

本文を読もう　意味のまとまりを意識しながら読もう。

① **The Big Dipper Times**

② **Sand Shortage in Singapore**

③ May 14, 2020

④ Singapore is / one of the world's biggest importers of sand. // ⑤ From 1.6 million people in 1960, / this island nation's population grew rapidly / to 5.7 million in 2019. // ⑥ To build new towns for these people, / Singapore imported sand / and reclaimed land from the sea. // ⑦ As a result, / its area expanded by about 25%. //

解説（④）　NW importers 輸入者　NW nation 国　解説（⑥）　NW imported ～を輸入した

⑧ Reclaiming land requires an enormous volume of sand. // ⑨ Until recently, / Singapore imported sand from neighboring countries / such as Indonesia and Malaysia. // ⑩ Mining large amounts of sand, / however, / damaged the environment in those countries. // ⑪ In Indonesia, / 24 islands are said to have disappeared / because of sand mining. // ⑫ Indonesia banned the export of sand in 2007, / and so did Malaysia in 2018. //

NW enormous 莫大な　NW volume 量　NW neighboring 近隣の　Indonesia インドネシア　解説（those countries）　are said to ～と言われている　because of ～のために　解説（⑫）　NW banned ～を禁止した　HU so did Malaysia ～もそうだ (=Malaysia banned it, too)

⑬ Singapore is now trying new ways / to overcome the shortage of sand. // ⑭ One is reclaiming land with less sand. // ⑮ Another is using old building materials. //

解説（⑬）　NW overcome ～を乗り越える，克服する　解説（⑭）　解説（to overcome）

読解のポイント

▶ シンガポールはどのように領土を拡大したか。

▶ シンガポールへの砂の輸入は近隣諸国にどのような被害をもたらしたか。

▶ シンガポールの砂不足への対処はどのようなものか。

④ Singapore is one of the world's biggest importers of sand.
〈one of the ＋最上級＋複数名詞〉は「最も～なもののひとつ」という意味を表す。

確認問題 ④の英文の訳を完成させなさい。
シンガポールは（　　　　　　　　　　　　　　　　　　　　）。

⑥ To build new towns for these people, Singapore imported sand and reclaimed land from the sea.
To build は〈to ＋動詞の原形〉の形で，副詞的用法の不定詞。「作るために」という意味を表し，文の動詞 imported の〈目的〉を表す。目的を明確にするために，不定詞を文頭に置くことがある。

⑪ In Indonesia, 24 islands are said to have disappeared because of sand mining.
to have disappeared は〈to have ＋過去分詞〉の完了形の不定詞で，文全体の動詞 are said よりも前の「時」を表している。are said は〈be 動詞＋過去分詞〉の受動態。said は say「～と言う」の過去分詞形。

・because of は「～のために」「～が原因で」というネガティブな意味でも，「～のおかげで」というポジティブな意味でも使うことができる。

⑫ Indonesia banned the export of sand in 2007, and so did Malaysia in 2018.
so did Malaysia は「マレーシアもそのようにした」という意味を表す。前の肯定文を受けて「～もそうだ」というときは，〈so ＋ V ＋ S〉の語順になる。なお，否定文を受けて「～もそうではない」というときは，〈neither[nor] ＋ V ＋ S〉の語順になる。HU

⑬ Singapore is now trying new ways to overcome the shortage of sand.
is ... trying は〈be 動詞＋～ing〉の現在進行形で，「(今)～を試みている」という意味を表す。to overcome は形容詞的用法の不定詞。「乗り越えるための」という意味を表し，名詞 ways「方法」を後ろから修飾している。

⑭ One is reclaiming land with less sand.
主語の One は「ひとつ」という意味を表す代名詞。ここでは，⑬の new ways「新たな方法」のひとつを指す。

⑮ Another is using old building materials.
主語の Another は「もうひとつ」という意味を表す代名詞。前の文の One に呼応しており，One ～. Another .... で「ひとつは～。もうひとつは…。」という意味を表す。

確認問題の答え ④ 世界で最大の砂の輸入国のひとつである

文法のまとめ

A どんな「時」か，補足的に説明する — 関係副詞 when の継続用法（～, when ...）

時を表す名詞 / 関係副詞

Wait until *five*, **when** (=*and then*) she will be back.
S' V'

5時まで待ってください，**そのころ**には彼女が戻ってきます。

例文

I saw Kim on the train *yesterday*, **when** she was sleeping.

私は昨日電車でキムを見かけ，**そのとき**彼女は寝ていた。

B 複合関係代名詞の使い方 — whoever「～する人はだれでも」, whatever「～するものは何でも」

複合関係代名詞

I'll take **whoever** wants to go with me.
S V O

私といっしょに行きたい**人はだれでも**連れて行ってあげます。

複合関係代名詞

I'll give you **whatever** I have.
S V O

僕が持っている**ものは何でも**君にあげるよ。

※複合関係代名詞は単数扱いであることに注意。

Whoever wants to join our club is welcome.

私たちのクラブに入りたい**人はだれでも**歓迎される。

You may eat **whatever** you like.

あなたの好きな**ものは何でも**食べてよい。

演習問題

1 次の（　）内から適する語を選んで，空所に書きなさい。

(1) Please visit my office at ten, (when / who) your document is ready. ________

(2) I'll buy (whoever / whatever) you want. ________

(3) I'll teach English to (whoever / whatever) wants to study hard. ________

2 次の英文を日本語にしなさい。

(1) She cooks whatever I like.
(　　　　　　　　　　)

(2) It was very hot last summer, when I went swimming often.
(　　　　　　　　　　)

(3) Whoever likes pizza knows that restaurant.
(　　　　　　　　　　)

3 次の日本文に合う英文になるように，(　) 内の語句を並べかえて全文を書きなさい。

(1) 彼は私が言うことは何でも信じます。
(believes / he / I / whatever / say).
____

(2) 私は昨日エマに電話をし，そのとき彼女は不在でした。
(yesterday / Emma / when / I / she / out / called / was / ,).
____

(3) その試合に勝ちたい人はだれでも一生懸命練習しなければなりません。
(hard / the game / to / has / win / practice / wants / to / whoever).
____

演習問題の答え　**1**(1) when　(2) whatever　(3) whoever　**2**(1) 彼女は私が好きなものは何でも料理してくれる。 (2) 去年の夏はとても暑く，そのとき私はしばしば泳ぎに行った。 (3) ピザが好きな人はだれでもあのレストランを知っている。 **3**(1) He believes whatever I say.　(2) I called Emma yesterday, when she was out.　(3) Whoever wants to win the game has to practice hard.

C 疑問文の語順にして表現する — 倒置「～もそうだ」「～もそうではない」

前の肯定文を受けて「～もそうだ」

I am hungry. — **So** *am I*.
肯定文　V S

おなかがすいたよ。— 僕**もだ**。

前の否定文を受けて「～もそうではない」

Jim doesn't know the truth. — **Neither** *does Tom*.
否定文　V S

ジムは本当のことを知りません。—トム**も知りません**。

※ neither は nor に置き換えることができる。ただし，nor は接続詞としての機能があるが，neither には接続詞としての機能がないことに注意。

例．ジムは本当のことを知らず，トムも知らない。

○ Jim doesn't know the truth, **nor** *does Tom*.

× Jim doesn't know the truth, **neither** *does Tom*.

→ ○ Jim doesn't know the truth, and **neither** *does Tom*.

例文

He is a teacher. — **So** *am I*.

彼は先生だ。— 私**もだ**。

Emma does**n't** like this movie. — **Neither** *do I*.

エマはこの映画が好きではない。— 私も**好きではない**。

演習問題

1 次の日本文に合う英文になるように，空所に適する語を書きなさい。

(1) 彼はそのニュースに驚きました。— 僕もです。
He was surprised at the news. — ________ ________ I.

(2) 彼女はトマトが好きではありません。— 私も好きではありません。
She doesn't like tomatoes. — ________ ________ I.

(3) 彼はその仕事をしたがりませんし，私もしたくありません。
He doesn't want to do the job, and ________ ________ I.

(4) 私は東京出身で，彼もそうです。
I'm from Tokyo, and ________ ________ he.

(5) 私は自動車免許を持っていませんし，彼女も持っていません。
I don't have a driver's license, and ________ ________ she.

2 次の英文を日本語にしなさい。

(1) I like coffee, and so does my mother.
(　　　　　　　　　　　　　　　　　　　　　　　　　　　　)

(2) I didn't watch the movie, and neither did my sister.
(　　　　　　　　　　　　　　　　　　　　　　　　　　　　)

3 次の日本文に合う英文になるように，(　) 内の語句を並べかえて全文を書きなさい。

(1) 彼女はギターを弾くことができませんし，私も弾くことができません。
(neither / I / can't / she / play / and / can / the guitar / ,).

____

(2) 私は学生で，私の兄もそうです。
(my / and / a student / is / so / am / I / brother / ,).

____

演習問題の答え **1**(1) So was ▶ 肯定文を受けて「～もそうだ」と言うときは So を使う。(2) Neither [Nor] do ▶ 否定文を受けて「～もそうではない」と言うときは Neither[Nor] を使う。 (3) neither do (4) so is (5) neither does **2**(1) 私はコーヒーが好きで，私の母もそうだ。 (2) 私はその映画を観なかったし，私の姉[妹]も観なかった。 **3**(1) She can't play the guitar, and neither can I. (2) I am a student, and so is my brother.

Key Phrase のまとめ

(ページ)

116	□ **be made of** 〜でできている ▶ be made of の後には材料を表す名詞，be made from の後には原料を表す名詞を置く。 The chair *is made of* wood.（そのいすは木でできている） The juice *is made from* grapes.（そのジュースはぶどうからできている）
116	□ **in one sense** ある意味では *In one sense*, we were lucky.（ある意味では，私たちは運がよかった）
116	□ **on *doing*** 〜するとすぐに ▶ in *doing*「〜する際に」と混同しないように注意。
118	□ **other than** 〜以外 There are some reasons that I don't like fish *other than* the taste. （その味以外にも私が魚を嫌う理由はいくつかある）
120	□ **in danger** 危機に陥る ▶ in danger of で「〜の危機に陥る」という意味。

◆ その他の重要表現 ◆

116	□ **as you know** ご存じのように *As you know*, he is very popular at school. （ご存じのように，彼は学校でとても人気がある）
116	□ **make it possible to *do*** 〜することを可能にする ▶ to 以下を形式目的語の it に置き換えた表現。make it possible (for ...) to *do* で「(…が)〜することを可能にする」という意味。
118	□ **more than** 〜以上 ▶〈more than ＋数字〉と〈over ＋数字〉は同義。
120	□ **due to** 〜のために ネガティブな意味での原因を説明する際に使われることが多い。
122	□ **be said to** 〜と言われている ▶ 一般的に言われていることを伝える表現。

演習問題

1 次の日本文に合う英文になるように，空所に適する語を書きなさい。

(1) これらの動物は絶滅の危機に陥っています。
These animals are ______ ______ of extinction.

(2) 家に着くとすぐに，私は眠りました。
______ getting home, I fell asleep.

(3) ある意味では，彼は正しかったのです。
______ one ______, he was right.

(4) これらの窓はガラスでできています。
These windows are ______ ______ glass.

(5) 掃除以外にもすることがたくさんあります。
I have many things to do ______ ______ cleaning.

(6) ご存じのように，彼女は国際ダンスコンテストで優勝しました。
______ you ______, she won the international dance contest.

2 次の英文を日本語にしなさい。

(1) On having breakfast, he went to school.
( )

(2) All flights were canceled due to heavy snow.
( )

(3) This is more than double the amount of sugar used by people in Japan.
( )

(4) About 30 houses are said to have been damaged by the typhoon.
( )

(5) The Internet has made it possible to get information from around the world.
( )

演習問題の答え **1**(1) in danger (2) On (3) In, sense (4) made of (5) other than (6) As, know
2(1) 朝食を食べるとすぐに，彼は学校に行った。 (2) 大雪のために全便が欠航になった。 (3) これは日本人が使う砂糖[日本人によって使われる砂糖]の 2 倍以上の量だ。 (4) 約 30 軒の家が台風による被害を受けたと言われている。 (5) インターネットは世界中からの情報を得ることを可能にした。

定期テスト対策問題

語い・表現

1 次の語で最も強く発音する部分を記号で答えなさい。

□(1) re-in-force 〔　　〕
ア イ ウ

□(2) cos-met-ic 〔　　〕
ア イ ウ

□(3) e-nor-mous 〔　　〕
ア イ ウ

□(4) reg-u-late 〔　　〕
ア イ ウ

2 次の日本文に合う英文になるように，空所に適する語を書きなさい。

□(1) このテーブルは木でできています。
This table is ________ ________ wood.

□(2) 彼らには遊園地に行く以外にもいくつかのプランがあります。
They have some plans ________ ________ going to the amusement park.

□(3) この橋は崩壊の危機に陥っています。
This bridge is ________ ________ of falling down.

文法

3 次の日本文に合う英文になるように，(　) 内の語句を並べかえて全文を書きなさい。

□(1) その医者にみてもらいたい人はだれでも予約をしなければなりません。
(wants / make / the doctor / see / to / a reservation / has / whoever / to).

____

□(2) 私の父は教師で，母もそうです。
(is / so / and / is / my father / my mother / a teacher / ,).

____

□(3) 私は昨日そのレストランを訪れ，そのとき混んでいました。
(the restaurant / when / yesterday / I / was / crowded / visited / it / ,).

____

4 次の各組がほぼ同じ内容になるように，空所に適する語を書きなさい。

□(1) He can't swim. I can't swim, either.
He can't swim, and ________ ________ ________.

□(2) I'll tell you anything that I know about him.
I'll tell you ________ I know about him.

5 次の日本文を英語にしなさい。

□(1) 私は昨夜彼に電話をし，そのとき彼はゲームをしていました。

____

□(2) そのパーティーに行く人はだれでも歓迎されます。

____

□(3) 私の父は車を運転するのが好きで，私の兄もそうです。

____

読解

6 次の英文を読んで，あとの問いに答えなさい。

Concrete is a mixture of sand, small stones, cement, and water. As you know, our school building ①is (　　) (　　) concrete. Without concrete, most modern buildings could not be built. ②(　　) (　　) (　　), concrete can be called the backbone of our modern civilization.

The history of concrete dates back to the time of ancient Rome, ③(　　) people mixed volcanic ash, limestone, sand, and stones with water. On drying, the mixture hardened and could be used to build bridges and domes. The mixture could even be made at the building site. ④(stones / longer / heavy / to / bricks / no / had / transport / and / people) to make their buildings.

In the 19th century, people began to reinforce concrete with iron. This reinforced concrete is strong even when it is pushed or pulled. ⑤This made it possible for people to build taller and larger buildings and even skyscrapers.

(1) 下線部①が「～でできている」，下線部②が「ある意味では」という意味になるように，(　) に適切な語を入れなさい。

□① is ________ ________　　□② ________ ________ ________

□(2) 空所③に適する関係副詞を書きなさい。 ________

□(3) 下線部④が「人々はもはや，(彼らの)建物を作るのに，重い石やレンガを運ばなくてよくなったのです」という意味になるように，(　) 内の語を並べかえて全文を書きなさい。

____

□(4) 下線部⑤の英文を this が指すものを明らかにして日本語にしなさい。

____

定期テスト対策問題の解答・解説

1 (1) **ウ**　(2) **イ**　(3) **イ**　(4) **ア**

解説 (2) cosmetic は日本語で使う「コスメ」とアクセントが異なる。

2 (1) made of　(2) other than　(3) in danger

解説 (1)「～でできている」は **be made of**。

(2)「～以外」は **other than**。

(3)「～の危機に陥る」は **in danger of**。

3 (1) Whoever wants to see the doctor has to make a reservation.

(2) My father is a teacher, and so is my mother.

(3) I visited the restaurant yesterday, when it was crowded.

解説 (1)「～する人はだれでも」という意味を表す複合関係代名詞 **whoever** を使った文を完成させる。文全体の主語は Whoever wants to see the doctor。複合関係代名詞は単数扱いであることに注意。

(2) 前の肯定文を受けて「～もそうだ」は，〈**so+V+S**〉の語順になる。

(3) どんな「時」かを補足的に説明する，関係副詞 **when** の継続用法を使った文を完成させる。when 以下で yesterday を補足的に説明する。

4 (1) neither can I　(2) whatever

解説 (1)「彼は泳げませんし，私も泳げません」 前の否定文を受けて「～もそうではない」は，〈**neither[nor]+V+S**〉の語順になる。直前に接続詞 and があるので，ここでは **neither** が正解。

(2)「彼について私が知っていることは何でもあなたにお話ししましょう」「～するものは何でも」という意味を表す複合関係代名詞 **whatever** を使った文を完成させる。whatever I know about him は tell の目的語。

5 (1) I called him last night, when he was playing the game.

(2) Whoever goes to the party is welcome.

(3) My father likes driving[to drive] a car, and so does my brother.

解説 (1) どんな「時」かを補足的に説明する，関係副詞 **when** の継続用法を使った文を完成させる。when 以下で last night を補足的に説明する。

(2)「～する人はだれでも」という意味を表す複合関係代名詞 **whoever** を使った文を完成させる。文全体の主語は Whoever goes to the party。複合関係代名詞は単数扱いであることに注意。

(3) 前の肯定文を受けて「～もそうだ」は，〈**so+V+S**〉の語順になる。

6 (1) ① made of　② In one sense

(2) when

(3) People no longer had to transport heavy stones and bricks to make their buildings.

(4) 補強されたコンクリート[鉄筋コンクリート]のおかげで，人々はより高くてより大きな建物や，超高層ビルさえも建設することができるようになりました[補強されたコンクリート[鉄筋コンクリート]は，人々が，より高くてより大きな建物や，超高層ビルを建設することさえも可能にしました]。

解説 (1) ① 「～でできている」は **be made of**。
② 「ある意味では」は **in one sense**。

(2) 関係副詞 **when** の継続用法を使った文。when 以下で the time of ancient Rome を補足的に説明する。

(3) 「もはや～ではない」は **no longer**。

(4) this は直前の文で登場する，補強されたコンクリート[鉄筋コンクリート]を指す。**make it possible (for ...) to *do*** は「(…が)～することを可能にする」という意味を表す。「〔主語のおかげで〕(…が)～できるようになる」と言い換えるとより自然な日本語になる。

LESSON **10**

単語のまとめ

LESSON ごとに新出単語とその意味をまとめました。空所を埋めて，復習の際に役立てましょう。

LESSON 1

答えは p.212

覚えたらチェック	単語	品詞・意味
□	(1) [ ]	名 パジャマの《形容詞的な用法》，パジャマ
□	kid	名 (2) [ ]
□	(3) [ ]	形 カラフルな，色彩豊かな
□	usual	形 (4) [ ]
□	(5) [ ]	形 おかしい，おもしろい
□	(6) [ ]	名 髪型
□	crazy	形 (7) [ ]
□	twin	名 (8) [ ]
□	(9) [ ]	名 登場人物
□	(10) [ ]	動 リラックスする，落ち着く
□	fund	名 (11) [ ]
□	(12) [ ]	動 ～を寄付する
□	(13) [ ]	名 寄付金，寄贈品
□	facility	名 (14) [ ]
□	occasion	名 (15) [ ]
□	(16) [ ]	動 ～を得る，獲得する
□	sense	名 (17) [ ]
□	(18) [ ]	名 帰属，所属
□	(19) [ ]	動 ～を提案する，勧める
□	fuzzy	形 (20) [ ]
□	(21) [ ]	名 室内履き，(かかとまで包みこむ)スリッパ
□	(22) [ ]	前 ～の間じゅう
□	code	名 (23) [ ]

LESSON 2		答えは p.212
覚えたらチェック	単語	品詞・意味
□	naked	形 (1) [ ]
□	eel	名 (2) [ ]
□	(3) [ ]	副 実際は，実は
□	mood	名 (4) [ ]
□	(5) [ ]	名 上側
□	(6) [ ]	名 ユーモア
□	printmaker	名 (7) [ ]
□	(8) [ ]	名 見ること，視覚
□	(9) [ ]	形 現実的な，写実的な
□	normal	形 (10) [ ]
□	(11) [ ]	形 非現実的な
□	unnatural	形 (12) [ ]
□	(13) [ ]	形 混乱させる，紛らわしい
□	waterfall	名 (14) [ ]
□	(15) [ ]	名 底，最低部
□	relativity	名 (16) [ ]
□	saying	名 (17) [ ]
□	(18) [ ]	形 違法の
□	parking	名 (19) [ ]
□	irritating	形 (20) [ ]
□	(21) [ ]	名 実験
□	sidewalk	名 (22) [ ]
□	(23) [ ]	形 ふつうの，ありふれた
□	(24) [ ]	形 平らな
□	nearby	副 (25) [ ]
□	(26) [ ]	副 突然
□	hopeful	形 (27) [ ]

LESSON 3		答えは p.212
覚えたらチェック	単語	品詞・意味
□	approximately	副 (1) [ ]
□	(2) [ ]	名 成人，おとな
□	youngster	名 (3) [ ]
□	(4) [ ]	名 不足
□	concentration	名 (5) [ ]
□	(6) [ ]	名 パフォーマンス，できばえ
□	daytime	名 (7) [ ]
□	(8) [ ]	名 概算，見積もり
□	trillion	名 (9) [ ]
□	(10) [ ]	動 問題である，重要である
□	(11) [ ]	名 損失，失うこと
□	debt	名 (12) [ ]
□	(13) [ ]	動 ～を防ぐ，避ける
□	asleep	形 (14) [ ]
□	digest	動 (15) [ ]
□	(16) [ ]	名 胃，腹
□	(17) [ ]	形 デジタルの
□	device	名 (18) [ ]
□	(19) [ ]	動 ～を発する，放つ
□	(20) [ ]	名 生成
□	stimulate	動 (21) [ ]
□	(22) [ ]	動 ～をチェックする，監視する
□	record	動 (23) [ ]
□	(24) [ ]	名 速度，割合

□	detailed	形 (25) [ ]
□	(26) [ ]	名 パターン，型
□	(27) [ ]	名 目覚まし時計，警報
□	intense	形 (28) [ ]
□	bedside	名 (29) [ ]
□	(30) [ ]	形 軽度の，優しい
□	micro	形 (31) [ ]
□	comfortable	形 (32) [ ]
□	(33) [ ]	名 重さ，体重
□	(34) [ ]	動 ～を勧める，推薦する

LESSON **4** 答えは p.213

覚えたらチェック	単語	品詞・意味
□	acquire	動 (1) [ ]
□	(2) [ ]	名 アクセント，なまり
□	praise	動 (3) [ ]
□	(4) [ ]	形 ネイティブの，母国の，母語の
□	speaker	名 (5) [ ]
□	(6) [ ]	名 句，言い回し
□	nonsense	名 (7) [ ]
□	learner	名 (8) [ ]
□	(9) [ ]	接 ～であるけれども
□	(10) [ ]	名 種類，多様性
□	common	形 (11) [ ]
□	(12) [ ]	形 南東の
□	(13) [ ]	形 公式の
□	widely	副 (14) [ ]

□	⒂ [ ]	名 版，バージョン
□	⒃ [ ]	名 4分の1
□	discuss	動 ⒄ [ ]
□	⒅ [ ]	副 はっきりと，明らかに
□	consonant	名 ⒆ [ ]
□	⒇ [ ]	動 ～を発音する
□	vowel	名 ㉑ [ ]

LESSON 5

答えは p.213

覚えたらチェック	単語	品詞・意味
□	(1) [ ]	形 万人の，全世界の
□	(2) [ ]	名 スイッチ
□	(3) [ ]	形 〈体が〉弱い，虚弱な
□	press	動 (4) [ ]
□	elbow	名 (5) [ ]
□	(6) [ ]	名 ランプ，明かり
□	(7) [ ]	動 ～を兼ね備える，組み合わせる
□	improvement	名 (8) [ ]
□	(9) [ ]	副 大いに，非常に
□	⑽ [ ]	名 住所，宛先
□	unhelpful	形 ⑾ [ ]
□	⑿ [ ]	名 外国人
□	⒀ [ ]	名 アルファベット
□	desire	動 ⒁ [ ]
□	⒂ [ ]	形 目の見えない
□	visually	副 ⒃ [ ]
□	regardless	副 ⒄ [ ]

□	represent	動 (18) [ ]
□	(19) [ ]	名 記号
□	obvious	形 (20) [ ]
□	(21) [ ]	名 議論，討論
□	tradition	名 (22) [ ]
□	(23) [ ]	名 固定観念，ステレオタイプ
□	(24) [ ]	動 ～に色をつける
□	(25) [ ]	名 スカート

LESSON 6

答えは p.213

覚えたらチェック	単語	品詞・意味
□	trial	名 (1) [ ]
□	(2) [ ]	名 誤り，間違い
□	(3) [ ]	動 ～をどうにかやり遂げる
□	broaden	動 (4) [ ]
□	horizon	名 (5) [ ]
□	(6) [ ]	名 目的
□	wing	名 (7) [ ]
□	(8) [ ]	動 ～を操作する
□	single	形 (9) [ ]
□	(10) [ ]	名 感じ，印象
□	(11) [ ]	名 高齢者，お年寄り
□	borderline	名 (12) [ ]
□	(13) [ ]	名 特徴，特色
□	decorative	形 (14) [ ]
□	fan	名 (15) [ ]
□	(16) [ ]	形 がっかりした，失望した

□	acquaintance	名 (17) [ ]
□	(18) [ ]	名 専門家
□	(19) [ ]	名 チャット，おしゃべり
□	release	動 (20) [ ]
□	(21) [ ]	形 適切な，ふさわしい
□	(22) [ ]	名 苦労，困難
□	dry	形 (23) [ ]
□	fingertip	名 (24) [ ]
□	(25) [ ]	名 聴力，聴覚
□	control	動 (26) [ ]
□	internationally	副 (27) [ ]
□	(28) [ ]	名 開発者
□	conference	名 (29) [ ]
□	participant	名 (30) [ ]
□	(31) [ ]	名 科学技術
□	(32) [ ]	形 効果的な
□	relationship	名 (33) [ ]
□	(34) [ ]	名 地域社会(の人々)，共同体
□	(35) [ ]	動 社会的活動に参加する
□	(36) [ ]	動〈苦痛など〉を和らげる
□	mix	動 (37) [ ]
□	(38) [ ]	形 創造力豊かな

LESSON 7

答えは p.214

覚えたらチェック	単語	品詞・意味
□	(1) [ ]	名 卒業
□	specialized	形 (2) [ ]

□	flow	名 (3) [ ]
□	(4) [ ]	名 成功
□	depressed	形 (5) [ ]
□	(6) [ ]	動 ～に参加する，出席する
□	researcher	名 (7) [ ]
□	(8) [ ]	形 驚くべき，びっくりするような
□	(9) [ ]	名 筋肉
□	inspiration	名 (10) [ ]
□	examine	動 (11) [ ]
□	(12) [ ]	形 屋外の，野外の
□	(13) [ ]	名 ユニット，装置
□	(14) [ ]	動 ～を消費する
□	confident	形 (15) [ ]
□	electrical	形 (16) [ ]
□	(17) [ ]	動 ～を模倣する，まねる
□	tail	名 (18) [ ]
□	(19) [ ]	形 追加の，付加的な
□	dust	名 (20) [ ]
□	blade	名 (21) [ ]
□	(22) [ ]	名 舌
□	groom	動 (23) [ ]
□	(24) [ ]	名 毛，毛皮
□	trash	名 (25) [ ]
□	(26) [ ]	形 堅い
□	mass	名 (27) [ ]
□	efficiency	名 (28) [ ]

□	(29) [ ]	名 快適さ，心地よさ
□	research	名 (30) [ ]
□	(31) [ ]	形 特定の
□	(32) [ ]	名 蝶(ちょう)
□	flap	動 (33) [ ]
□	growing	形 (34) [ ]
□	(35) [ ]	名 流行，傾向
□	unneeded	形 (36) [ ]
□	(37) [ ]	名 発明家
□	achievement	名 (38) [ ]
□	(39) [ ]	動 ～をスケッチする
□	(40) [ ]	動 ～を観察する，～に気づく
□	crow	名 (41) [ ]
□	(42) [ ]	名 飛行
□	manned	形 (43) [ ]
□	(44) [ ]	名 角度

LESSON 8

答えは p.214

覚えたらチェック	単語	品詞・意味
□	preserve	動 (1) [ ]
□	shell	名 (2) [ ]
□	(3) [ ]	動 ～を生き延びる，切り抜ける
□	(4) [ ]	形 厳しい，深刻な
□	lower	動 (5) [ ]
□	(6) [ ]	名 含有量，中身
□	(7) [ ]	形 活発な，活動的な
□	spoil	動 (8) [ ]

□	(9) [ ]	形 追加の，余分な
□	nutrient	名 (10) [ ]
□	(11) [ ]	名 日光
□	(12) [ ]	形 不可欠な
□	(13) [ ]	動 ～を処理する，扱う
□	vinegar	名 (14) [ ]
□	smoked	形 (15) [ ]
□	(16) [ ]	名 シロップ
□	salted	形 (17) [ ]
□	pickled	形 (18) [ ]
□	(19) [ ]	動 ～を密封する
□	(20) [ ]	形 びん詰めの
□	cow	名 (21) [ ]
□	storage	名 (22) [ ]
□	(23) [ ]	名 商人
□	fermentation	名 (24) [ ]
□	(25) [ ]	副 急速に
□	(26) [ ]	形 主要な，支配的な
□	growth	名 (27) [ ]
□	ferment	動 (28) [ ]
□	(29) [ ]	名 大豆
□	(30) [ ]	名 ソース
□	pickle	名 (31) [ ]
□	(32) [ ]	名 料理(法)
□	(33) [ ]	動 存在する
□	collaborate	動 (34) [ ]

□	⑶5 [ ]	副 自然に
□	instead	副 ⑶6 [ ]
□	⑶7 [ ]	名 いちご
□	⑶8 [ ]	名 ジャム
□	⑶9 [ ]	名 レモン
□	remove	動 ⑷0 [ ]
□	⑷1 [ ]	名 ボウル
□	crush	動 ⑷2 [ ]
□	mashed	形 ⑷3 [ ]
□	⑷4 [ ]	動 ～を溶かす
□	⑷5 [ ]	名 混ぜたもの，混合物
□	jar	名 ⑷6 [ ]
□	lid	名 ⑷7 [ ]
□	⑷8 [ ]	副 ゆるく
□	tighten	動 ⑷9 [ ]
□	immerse	動 ⑸0 [ ]

LESSON 9

答えは p.215

覚えたらチェック	単語	品詞・意味
□	possession	名 (1) [ ]
□	(2) [ ]	名 支払い
□	trade	名 (3) [ ]
□	(4) [ ]	動 ～だと思う，想定する
□	(5) [ ]	動 ～を貸す
□	advance	名 (6) [ ]
□	(7) [ ]	形 個人的な，個人の
□	(8) [ ]	動 ～を(有料で)借りる

□	ownership	名 (9) [ ]
□	(10) [ ]	形 主要な，大部分の
□	(11) [ ]	名 配達，デリバリー
□	motorbike	名 (12) [ ]
□	(13) [ ]	動 配達する
□	benefit	動 (14) [ ]
□	(15) [ ]	動 ～を拡大する，広げる
□	enable	動 (16) [ ]
□	(17) [ ]	形 双方が満足できる，ウィンウィンの
□	demerit	名 (18) [ ]
□	mutual	形 (19) [ ]
□	(20) [ ]	形 一時的な，臨時の
□	(21) [ ]	副 専門的に
□	train	動 (22) [ ]
□	properly	副 (23) [ ]
□	(24) [ ]	形 無頓(とん)着な，不注意な
□	time-keeping	名 (25) [ ]
□	(26) [ ]	形 責任がある
□	fault	名 (27) [ ]
□	(28) [ ]	動 文句 [不満] を言う
□	seriously	副 (29) [ ]
□	existing	形 (30) [ ]
□	(31) [ ]	形 広く普及した
□	wardrobe	名 (32) [ ]
□	(33) [ ]	名 クローゼット
□	(34) [ ]	名 つけ，クレジット
□	postage	名 (35) [ ]
□	(36) [ ]	形 レンタルの，賃貸の
□	fee	名 (37) [ ]

□	(38) [ ]	名 ファッション，流行

LESSON 10

答えは p.215

覚えたらチェック	単語	品詞・意味
□	(1) [ ]	名 コンクリート
□	sand	名 (2) [ ]
□	backbone	名 (3) [ ]
□	(4) [ ]	名 文明
□	volcanic	形 (5) [ ]
□	ash	名 (6) [ ]
□	(7) [ ]	動 固まる，かたくなる
□	(8) [ ]	動 ～を運ぶ，輸送する
□	brick	名 (9) [ ]
□	reinforce	動 (10) [ ]
□	(11) [ ]	名 鉄
□	skyscraper	名 (12) [ ]
□	(13) [ ]	名 不足
□	(14) [ ]	名 砂漠
□	unlimited	形 (15) [ ]
□	(16) [ ]	名 供給量
□	rust	動 (17) [ ]
□	reclaim	動 (18) [ ]
□	(19) [ ]	形 工業(用)の，産業(用)の
□	(20) [ ]	名 商品，日用品
□	toothpaste	名 (21) [ ]
□	cosmetic	名 (22) [ ]
□	(23) [ ]	形 2 倍の

□	mining	名 (24) [ ]
□	(25) [ ]	形 重大な，重要な
□	(26) [ ]	形 環境(へ)の
□	mine	動 (27) [ ]
□	(28) [ ]	動 ～を害する，傷つける
□	landslide	名 (29) [ ]
□	(30) [ ]	名 建設，工事
□	boom	動 (31) [ ]
□	state	名 (32) [ ]
□	(33) [ ]	動 ～を規制する
□	(34) [ ]	代 ～するもの[こと]は何でも
□	conflict	名 (35) [ ]
□	(36) [ ]	名 危機，危険
□	wisely	副 (37) [ ]
□	(38) [ ]	名 輸入者
□	nation	名 (39) [ ]
□	(40) [ ]	動 ～を輸入する
□	(41) [ ]	形 莫大な，非常に大きい
□	volume	名 (42) [ ]
□	(43) [ ]	形 近隣の
□	ban	動 (44) [ ]
□	(45) [ ]	動 ～を乗り越える，克服する

単語のまとめの答え

LESSON 1 (p.198)

(1) pajama (2) 子ども (3) colorful (4) いつもの (5) funny
(6) hairstyle (7) まともでない，ばかげた (8) 双子の，対をなす (9) character
(10) relax (11) 資金，基金 (12) donate (13) donation (14) 設備，施設
(15) 行事，場合 (16) gain (17) 感覚，感じ (18) belonging (19) suggest
(20) 綿毛で覆われた，けば立った (21) slipper (22) throughout
(23) 規定，規則

LESSON 2 (p.199)

(1) 裸の (2) ウナギ (3) actually (4) 機嫌，気分 (5) upside
(6) humor (7) 版画家 (8) sight (9) realistic (10) ふつうの，標準の
(11) unreal (12) 不自然な (13) confusing (14) 滝 (15) bottom
(16) 相対性，関連性 (17) ことわざ (18) illegal (19) 駐車，駐輪
(20) いらいらさせる，気に障る (21) experiment (22) 歩道 (23) ordinary
(24) flat (25) 近くに (26) suddenly (27) 期待している

LESSON 3 (p.200)

(1) およそ，約 (2) adult (3) 若者，子ども (4) lack (5) 集中(力)
(6) performance (7) 日中，昼間 (8) estimate (9) 1兆 (10) matter
(11) loss (12) 負債，借金 (13) avoid (14) 眠っている (15) ～を消化する
(16) stomach (17) digital (18) 機器，装置 (19) emit (20) production
(21) ～を刺激する，興奮させる (22) monitor (23) ～を記録する (24) rate
(25) 詳細な (26) pattern (27) alarm (28) 強烈な，激しい
(29) ベッドのそば，枕元 (30) gentle (31) 微細な (32) 心地よい，快適な
(33) weight (34) recommend

LESSON 4 (p.201)

(1) ～を身につける，習得する　(2) accent　(3) ～をほめる，賞賛する
(4) native　(5) 話者，話し手　(6) phrase　(7) ばかげたこと　(8) 学習者
(9) although　(10) variety　(11) ごくふつうの，一般的な　(12) southeast
(13) official　(14) 広く　(15) version　(16) quarter　(17) ～を話し合う
(18) clearly　(19) 子音　(20) pronounce　(21) 母音

LESSON 5 (p.202)

(1) universal　(2) switch　(3) frail　(4) ～を押す　(5) ひじ　(6) lamp
(7) combine　(8) 改良点　(9) greatly　(10) address　(11) 役に立たない
(12) foreigner　(13) alphabet　(14) ～を望む，願う　(15) blind
(16) 視覚に関して，視覚的に　(17) いずれにしても，それにもかかわらず
(18) ～を表す，象徴する　(19) symbol　(20) すぐわかる，明らかな　(21) debate
(22) 伝統　(23) stereotype　(24) color　(25) skirt

LESSON 6 (p.203)

(1) 試み，試行　(2) error　(3) manage　(4) ～を広げる
(5) 視野，地平線　(6) purpose　(7) 翼，羽　(8) operate
(9) たった１つの　(10) impression　(11) senior　(12) 罫線，境界(線)
(13) feature　(14) 装飾の，装飾的な　(15) うちわ，扇　(16) disappointed
(17) 知人，知り合い　(18) expert　(19) chat　(20) ～を公開する，発売する
(21) proper　(22) difficulty　(23) 乾燥した　(24) 指先　(25) hearing
(26) ～を操作する，制御する　(27) 国際的に　(28) developer
(29) (大規模な)会議　(30) 参加者　(31) technology　(32) effective　(33) 関係
(34) community　(35) socialize　(36) ease　(37) 交流する，付き合う
(38) creative

LESSON 7 (p.204)

(1) graduation (2) 専門化した (3) 流れ (4) success
(5) 落ち込んで，落胆して (6) attend (7) 研究者 (8) astonishing
(9) muscle (10) (すばらしい)発想，ひらめき (11) ～を調査する
(12) outdoor (13) unit (14) consume (15) 確信している，自信がある
(16) 電動の，電気に関する (17) imitate (18) 尾，しっぽ (19) additional
(20) ほこり，ちり (21) 刃，ブレード (22) tongue (23) ～の毛づくろいをする
(24) fur (25) ごみ (26) firm (27) かたまり (28) 効率，能率 (29) comfort
(30) 研究，調査 (31) particular (32) butterfly
(33) ～を羽ばたかせる，バタバタと動かす (34) 増加する (35) trend
(36) 不必要な (37) inventor (38) 功績，業績 (39) sketch (40) observe
(41) カラス (42) flight (43) 有人の，人を乗せた (44) angle

LESSON 8 (p.206)

(1) ～を保存する (2) 貝殻 (3) survive (4) severe
(5) ～を減らす，下げる (6) content (7) active (8) 腐る，だめになる
(9) extra (10) 栄養素 (11) sunlight (12) essential (13) treat (14) 酢
(15) いぶした，くん製にした (16) syrup (17) 塩漬けにした
(18) ピクルスにした (19) seal (20) bottled (21) ウシ，乳牛
(22) 保管，貯蔵 (23) merchant (24) 発酵 (25) rapidly (26) dominant
(27) 成長，発達 (28) 発酵する (29) soy (30) sauce (31) ピクルス
(32) cuisine (33) exist (34) 共同研究する (35) naturally
(36) その代わりに，それどころか (37) strawberry (38) jam (39) lemon
(40) ～を取り除く (41) bowl (42) ～を押しつぶす (43) すりつぶした
(44) dissolve (45) mixture (46) びん，つぼ (47) ふた (48) loosely
(49) ～をしっかり締める (50) ～を(完全に)浸す，沈める

LESSON 9 (p.208)

(1) 所有(物)，所持(品) (2) payment (3) 取引 (4) suppose (5) lend
(6) 進歩，発展 (7) individual (8) rent (9) 所有(権) (10) major
(11) delivery (12) バイク，オートバイ (13) deliver (14) ～の利益になる
(15) expand (16) ～を可能にする (17) win-win (18) 欠点，短所 (19) 相互の
(20) temporary (21) professionally (22) ～を訓練する，鍛える
(23) きちんと，適切に (24) careless (25) 時間厳守，時間管理 (26) responsible
(27) 責任，落ち度 (28) complain (29) ひどく，深刻に (30) 既存の，現存する
(31) widespread (32) 洋服だんす，衣装戸棚 (33) closet (34) credit
(35) 郵送料，郵便料金 (36) rental (37) 料金，利用料 (38) fashion

LESSON 10 (p.210)

(1) concrete (2) 砂 (3) 根幹，中心的部分 (4) civilization (5) 火山の
(6) 灰 (7) harden (8) transport (9) レンガ
(10) ～を補強する，強化する (11) iron (12) 超高層ビル (13) shortage
(14) desert (15) 無限の，果てしない (16) supply (17) ～をさびつかせる
(18) ～を干拓してつくる (19) industrial (20) commodity (21) 歯磨き粉
(22) 化粧品 (23) double (24) 採掘，採鉱 (25) significant (26) environmental
(27) ～を採掘する (28) harm (29) 地すべり，土砂崩れ (30) construction
(31) 盛んになる，急に景気づく (32) 州 (33) regulate (34) whatever
(35) 争い，抗争 (36) danger (37) 賢く，賢明に (38) importer
(39) 国，国家 (40) import (41) enormous (42) 量，容積 (43) neighboring
(44) ～を禁止する (45) overcome

第1刷　2023年3月1日　発行

教科書ガイド　数研出版 版

104 数研〔CⅡ/716〕

BIG DIPPER
English CommunicationⅡ

表紙デザイン　株式会社リーブルテック

ISBN978-4-87740-496-3

発行所　数研図書株式会社
〒604-0861　京都市中京区烏丸通竹屋町上る
大倉町205番地
［電話］　075（254）3001